FOLKETS FABRIK
THE PEOPLE'S FACTORY

ARKITEKTENS FORLAG
THE DANISH ARCHITECTURAL PRESS

ANDERS BYRIEL
CEO, KVADRAT

Stående på ladet af en lille lastvogn med en megafon i hånden i støvregn var den dramatiske start på Maltfabrikkens genrejsning.

Som Tommy Bøgehøj, et centralt byrådsmedlem, sagde: "Den er fem i tolv".
Der var givet nedrivningstilladelse, og vi, en gruppe lokale borgere, debatterede med politikerne på åben gade ved hjælp af megafoner.

"Vis os, hvad I kan, så genovervejer vi situationen", var det politiske svar.
Det blev starten på en lang og stenet rejse drevet af et kæmpe sammenhold og gejst. Vi frivillige har samlet set nok brugt mere end 100.000 timer på Maltfabrikken.

Vi drømte om at skabe et nyt håndgribeligt hjerte i Ebeltoft, som indeholdt kreativ kultur og iværksætteri, og som kunne bryde vores negative udvikling.

Undervejs var der en del måneder, hvor vi ikke vidste, om vi kunne betale vores regninger, og om vi ville klare det endnu en måned. Vi fandt nogle ekstraordinære individer med hjertet det rigtige sted og dybe lommer. Langsomt kunne vi bevæge os ned ad bjerget. Vi stiftede fondene, købte grunden og bygningen. Syddjurs Kommune bidrog med bibliotek og museum, og flere fonde støttede op.

Undervejs blev indholdet udviklet, så vi var klar, når bygningen åbnede.
Så fulgte arkitektkonkurrencen, opførelsen og renoveringen. Praksis Arkitekters projekt blev ganske enkelt endnu bedre i virkeligheden end det velovervejede og begavede konkurrenceforslag. Endnu en positiv overraskelse på vores lange rejse.

Tak til alle dem der tog kampen op:

Kristian (the one and only), Hans, Torkild, Dagmar, Bo, Bendt, Trine, Lisbeth, Ole, René, 2 x Peter, 2 x Michael, alle de andre ildsjæle og det store Malt Community.

We did it!

Standing on the bed of a small lorry holding a megaphone in drizzling rain marked the dramatic beginning of Maltfabrikken's recovery.

As Tommy Bøgehøj, prominent member of the town council, said: "It's five minutes to midnight."
A demolition permit had been issued, and we, a group of local residents, were debating with politicians in the street, aided by megaphones.

"Prove to us what you're capable of, and we'll reconsider the situation," was their answer.
This marked the beginning of a long and rocky uphill journey powered by enormous solidarity and enthusiasm. Those of us who are volunteers probably put in more than 100,000 hours at Maltfabrikken altogether.

We dreamed of creating a new, tangible heart in Ebeltoft that embodied creative culture and entrepreneurship and which could reverse our downward spiral.

Along the way, there were many months when we didn't know whether we could pay our bills or make it to the end of yet another month. We found some extraordinary, deep-pocketed individuals whose hearts were in the right place. Slowly, we were able to descend the other side of the mountain. We set up the funds and bought the site and the buildings. Syddjurs Municipality contributed a library and a museum, and several foundations supported us.

The contents were developed along the way so we were ready when the building opened.
This was followed by the architectural competition, the construction and the refurbishment. Praksis Arkitekter's project was quite simply even better in reality than their brilliant, carefully considered competition proposal. Yet another positive surprise on our long journey.

Our heartfelt thanks to everyone who never gave up:

Kristian (the one and only), Hans, Torkild, Dagmar, Bo, Bendt, Trine, Lisbeth, Ole, René, the two Peters, the two Michaels, all the other enthusiasts – and the vast Malt Community.

We did it!

KOM INDENFOR
COME INSIDE

Velkommen til bogen om Folkets Fabrik. Den er som Maltfabrikkens bygninger skabt over tid, knopskudt, vild og mangfoldig. Den er på én gang tung som et kampestensfundament og let som en nyfødt idé.
Du kan starte forfra eller springe ind midt i historien. Maltfabrikken står på mange skuldre, bor i mange hjerter og taler med mange stemmer. Skulle du som læser miste den røde tråd, er du ikke faret vild. Du er blot på vej.
Det er vi alle.

Welcome to the book about Folkets Fabrik (the People's Factory). Like Maltfabrikken's buildings in general, it was created and written over a period of time, added on to, freely and with diversity. It is as ponderous and massive as a fieldstone foundation and as light as a freshly hatched idea. You can start from the beginning or jump into the midst of its history. Maltfabrikken is borne by many shoulders, warmly embraced by many hearts and advocated by a multitude of voices. Should you, the reader, lose the connecting thread, you will not have lost your way.
You are simply on your way. As are we all.

Foto Photo Dennis Serup Voigt Kristensen

EN FORVANDLINGSREJSE
A TRANSFORMATIONAL JOURNEY

Bogen om Maltfabrikken er et vidnesbyrd om en forvandlingsrejse. Den er fortællingen om en skabelsesproces med mange bidragende aktører. Et sandt eventyr om store drømme, tårnhøje ambitioner, en tilsyneladende umulig mission og et stærkt sammenhold.

I nogle eventyr sker forvandlingens øjeblik som en pludselig omvæltning skabt ved magi eller guddommelig indgriben. I Maltfabrikkens tilfælde voksede idéen langsomt frem. Som ringe i vandet spredte bevægelsen sig. Det, der først synes som krusninger på overfladen, viste sig at finde klangbund hos mange mennesker. Puslespillet, hvis rammer ikke var defineret på forhånd, tog form. Hver brik blev lagt i forlængelse af de foregående. Drømmen knopskød og voksede sig stærk blandt mennesker med passion og lyst til at deltage, forandre og udvikle.

Døren bandt

2010: Døren bandt ind til den gamle Maltfabrik i Ebeltoft. Bygningerne var lukket af og havde stået tomme, siden produktionen stoppede i 1998. Der duftede af træ, og lyset fandt vej igennem sprækker i vægge og huller i taget. Vinden hylede i maltkøllerne, og det knagede fra de gamle trækonstruktioner. I maskinrummet hang en skifertavle med produktionsplanen over sidste arbejdsdag. Der stod ringbind med regnskaber, maltopskrifter og ordrebøger på hylderne. Det var, som om tiden var gået i stå, og man hvert øjeblik kunne forvente, at en maltarbejder ville træde frem af skyggerne, bevæbnet med maltskovl og arbejdskasket. Sovende maskiner, rustent inventar og støvede eltavler ventede på, at nogen skulle dreje på den store hovedafbryder og sætte tiden i gang igen.

Butikscenter eller kulturfabrik

Fra midten af 1800-tallet og frem til årtusindeskiftet var Maltfabrikken i Ebeltoft en stolt produktionsvirksomhed og en vigtig arbejdsplads i byen. De monumentale røde fabriksbygninger vidnede om et industrieventyr i en dansk købstad med eksport til landets bryggerier, til Europa og sågar til Sydamerika. Efter lukningen gik bygningerne i forfald, og i en periode var planen at rive Maltfabrikken ned og bygge et butikscenter på grunden. Den politiske proces med at bane vejen for endnu en parkeringskælder, butiksarkader og luksuslejligheder var i gang. Men reaktionerne blandt en voksende gruppe af de lokale tydeliggjorde behovet for en gentænkning af vores fælles ressourcer og et nyt blik på byens fremtid.

The book about Maltfabrikken is a testimonial about a transformational journey. It describes a process of creation with many contributing stakeholders. It is a true adventure about dreaming big, having sky-high ambitions, seeking to accomplish an impossible mission, permeated with a strong ethos of solidarity.

In some fairy tales, the transformational moment occurs as a sudden upheaval created by magic or divine intervention. In the case of Maltfabrikken, it was an idea that slowly emerged. The movement spread like ever widening circles... What initially appeared as ripples on the surface were soon resonating among many people. The pieces of the puzzle, without a predefined frame, gradually interlock. Each piece is laid in extension of that which preceded it. The dream creates offshoots and grows stronger among enthusiasts seeking to participate, transform, grow and develop.

The door was jammed

2010: The door leading into the old malt house in Ebeltoft was jammed. The buildings had been sealed off and stood empty since production was halted in 1998. There was a fragrance of wood, and rays of light found their way into the rooms through cracks in walls and holes in the roof. The wind howled in the malting kilns, and the old wooden structures creaked and groaned. A slate board hanging in the engine room showed a production plan for the last workday. Ring binders with ledgers, malt recipes and order books stood on the shelves. As if time had suddenly come to a standstill, and any moment a malt-house worker would step out of the shadows carrying a malting shovel and wearing a workman's cap. Dormant machinery, rusty equipment and dusty electrical distribution boards stood waiting for someone to turn on the main power switch and set time in motion again.

Shopping centre or cultural factory

From the mid-1800s to the turn of the century, Ebeltoft's Malt House was a proud manufacturing company and an important workplace in the town. The monumental red malt house buildings bore witness to an industrial venture in a Danish market town that exported its products to breweries in Denmark, Europe and even South America. After the closure, the buildings fell into disrepair, and for a while there were plans to tear Maltfabrikken down and build a shopping centre on the site. The political process was put in motion to pave the way for yet another underground car park, shop arcades and luxury apartments. But the reactions from a growing group of local residents crystallised the need to rethink how we use our shared resources and the need for a new perspective on the town's future.

Elsk Maltfabrikken
Det er vores seje kulturslot
Det er vores fremtid

Så enkelt og klart beskrev Amalie, Savannah og Isabel fra 6. klasse drømmen om Maltfabrikken, da de i 2011 fik til opgave at skrive et haikudigt om fremtidens Ebeltoft. Selvom deres kig i krystalkuglen måske tog udgangspunkt i egne tanker og behov, formåede de at male et fremtidsbillede, som ikke kun var for byens unge, men for alle, der ønskede et levende, kreativt fællesskab. En kilde til stolthed og inspiration, måske i hele landet. Måske uden for landets grænser.

Troen på fællesskabet

Skabertrang er en urkraft i mennesker, ligesom dét at være fælles om en sag er det. Når vi skaber noget sammen, bliver resultatet større og mere bæredygtigt end det, et enkelt menneske kan udrette. Sådan er fortællingen om Maltfabrikken: en fortælling om at stå sammen, tænke stort og byde indenfor.

Åbenheden for idéer og menneskers drømme er en vigtig drivkraft på Maltfabrikken. Med udgangspunkt i det stedbundne får naboer, venner, ressourcepersoner og utrættelige ildsjæle mulighed for at tage ansvar for det samfund, vi alle er en del af. Det deltagende medborgerskab inviterer til at byde ind og drømme med. Her er der en særlig lokal stolthed om et fælles mål. Her er der håb.

Selvom der er kampesten, cement og nogle steder endda jernarmering i Maltfabrikkens sokkel, er det fællesskabet, der holder projektet sammen. Risikovilligheden, tilliden og troen på samarbejdet er indbygget i hele Maltfabrikkens konstruktion, og fællesskabet er årsagen til stedets forankring og folkets ejerskab.

Derfor kalder vi det Folkets Fabrik. For nogle lyder det berlinerfrækt, mens det for andre vækker associationer til den gamle østblok. For os er det en konstant påmindelse om, hvorfor vi sammen kunne lykkes med forvandlingsrejsen. Maltfabrikkens gamle hovedbygning har tilnavnet Den Røde Dame. Vi vækkede hende til live og gav hende et fælles forvandlingskys, der er et eventyr værdigt.

Maltfabrikken er ikke blot navnet på et sted. Det er navnet på en måde at være sammen på – navnet på en mentalitet.

Kristian Krog

Love Maltfabrikken
It is our cool cultural castle
It is our future

This is how simply and distinctly sixth-year pupils Amalie, Savannah and Isabel expressed their dreams for Maltfabrikken when given an assignment to write a haiku poem about the future of Ebeltoft in 2011. Although their gaze into the crystal ball was perhaps based on their own thoughts and needs, they managed to paint a picture for the future that included not only the town's young people, but everyone who wants to live in a dynamic, creative community. A source of pride and inspiration, perhaps throughout Denmark. Perhaps even abroad.

Belief in the community

The creative urge is a primordial force, as is joining forces in pursuit of a cause. Whenever we create something together, our results are bigger and more sustainable than what a single individual could have achieved. That aptly describes the story of Maltfabrikken as well: a story about pulling together, thinking big and inviting people into the community.

Being receptive to ideas and people's dreams is a crucial driving force at Maltfabrikken. With the local community as the point of departure, neighbours, friends, resourceful individuals and tireless enthusiasts are given an opportunity to take responsibility for the community we all are part of. Participatory citizenship invites everyone to join in and dream along. This community is characterised by a unique local pride that comes from sharing a common goal. There is hope here.

Apart from the fieldstones, cement and even iron rebars in some places reinforcing the base of Maltfabrikken, it is the sense of community that holds the project together. The willingness to take risks, the confidence and the belief in cooperating are incorporated into the very structure of Maltfabrikken, and this sense of community explains the local embedment and the ownership by everyone.

This is why we call it Folkets Fabrik (the People's Factory). This may sound 'woke' to some, while others will associate it with something from the era of the Eastern Bloc countries. To us, it is an enduring reminder of why it was possible for us to succeed in our transformational journey together. Maltfabrikken's old buildings are collectively nicknamed Den Røde Dame (the Red Lady). We resuscitated her and gave her a shared transformational kiss that is worthy of any fairy tale.

Maltfabrikken is not just the name of a place. It is the name of a way of being together – it epitomises our mentality.

Kristian Krog

SCAFFCO

Foto Photo Dennis Serup Voigt Kristensen

NU BEGYNDER FREMTIDEN, NU ER MALTFABRIKKEN KLAR

THE FUTURE BEGINS NOW, AND MALTFABRIKKEN IS READY FOR IT!

METTE TONY

PRAKSIS

TALE VED MALTFABRIKKENS INDVIELSE

SPEECH AT THE OFFICIAL OPENING OF MALTFABRIKKEN

Foto Photo Jacob Almtoft

Det var fuldkommen overvældende for os at besøge Maltfabrikken første gang. Vi vidste med det samme, at vi blev nødt til at vinde den her konkurrence, og vi er virkelig super stolte over at have været med til at transformere og genskabe den ikoniske maltfabrik i Ebeltoft.

Der er tale om en unik sammenstilling af mange faktorer – det er det, der var overvældende fra begyndelsen. Der er unikke kræfter bag projektet, som har skabt visionen og finansieringen. Der er unikke samarbejder mellem de private aktører og det offentlige – hvilket virkelig ikke er simpelt. Der er unikke fysiske rammer i den gamle maltfabrik og landskabet, som det har ligget her, ud til Ebeltoft Vig, i mange, mange år.

I lykkes med ting, som alle drømmer om. I gør tingene på en måde, der er i øjenhøjde med mennesker, aktivistisk, folkeligt, inddragende – samtidig med at I er dybt professionelle, skarpe og vedholdende som få. Effektive. I får hele spektret med, her er plads til alle, behov for alle.

I gør tingene på en måde, hvor man tænker: 'Hvorfor gør alle ikke det?' Der er en legende intuitiv lethed til stede, som er bærende for oplevelsen. Man skal bare vide, at bag den lethed ligger benhårdt arbejde.

We were completely overwhelmed the first time we visited Maltfabrikken. We knew right away that we simply had to win this competition, and we are incredibly proud to have assisted in transforming and recreating the iconic Malt House in Ebeltoft.

Your project is a unique juxtaposition of many factors. That is what overwhelmed us from the outset. It is underpinned by unique stakeholders who articulated the vision and acquired the financing. It involved unique partnerships between private operators and the public sector – not a simple achievement, to be sure! The old malt house provides a unique physical setting for years to come, situated in the landscape overlooking Ebeltoft Bay.

You have managed to do what everyone dreams of doing. In whatever you do, you are in tune with everyone you interact with – enthusiastically, unassumingly, inclusively – yet few are as profoundly professional, keen and persevering as you are. Or as effective. You embrace the whole spectrum, with space for everyone, with a need for everyone.

You do things in a way that raises the question, 'Why doesn't everyone do it like that?'. You exude an effortless intuitiveness that is fundamental to the experience. Yet your effortlessness is underscored by unyielding, persevering effort.

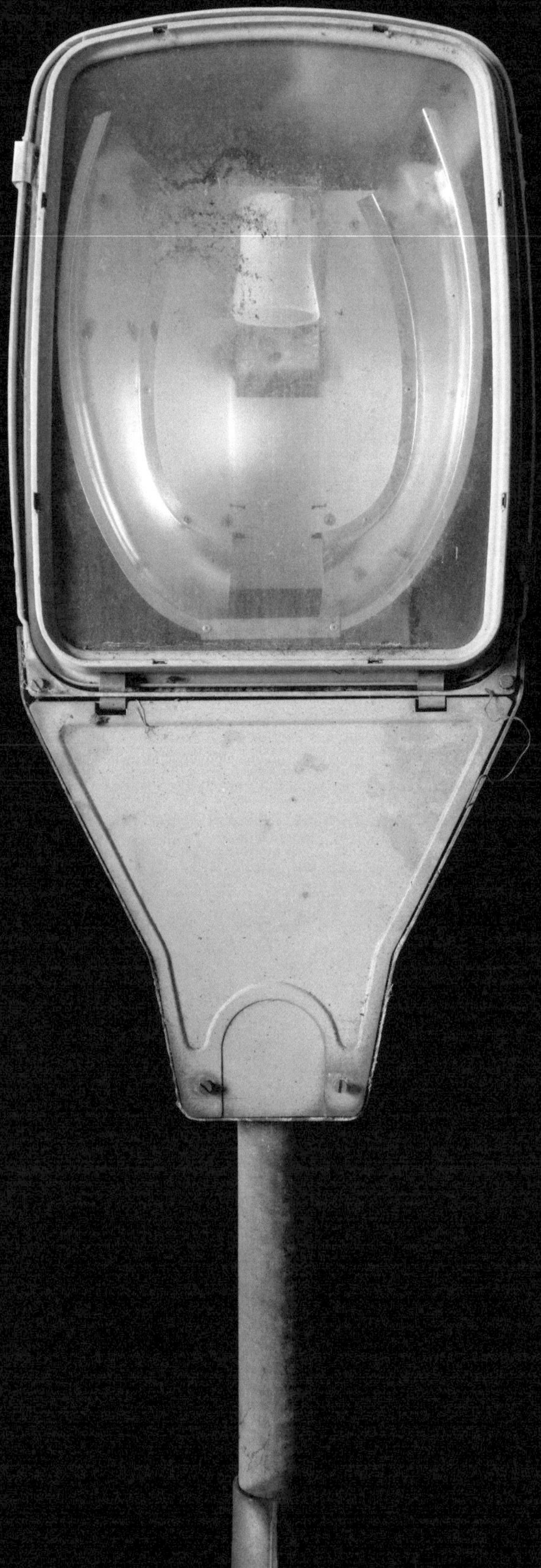

Foto Photo Simon Thordal

ET EKSEMPEL
AN EXAMPLE

De oprindelige flotte lamper og armaturer er genanvendt i projektet. Vi elsker alle sådan en lampe, den er flot, den skiller sig ud, er helt anderledes end vores sædvanlige fysiske rammer. Den detalje fastholder stemningen – overrasker. Man føler sig forbundet til stedets historie.

I vores regulerede byggebranche kan man stort set ikke få sådan en lampe med i et projekt. Den kan slet ikke håndteres inden for byggebranchens aftaler, ansvarsafgrænsninger, forsikringsdækninger og garantier. Den passer ikke ind i processerne og tidsplanerne. Hvem vil røre ved sådan en lampe?

Men I er kunstneriske, skabende mennesker, I ser målet. I iscenesætter et projekt, der inddrager byen i denne vision. I upcycler de gamle armaturer, upcycler i virkeligheden processer, upcycler de mennesker, der er med. I insisterer, sætter flere hundrede procent energi bag – og I lykkes.

Man ser lampen, elsker den. Man tænker: 'Hvorfor gør alle ikke det?'

Dette er blot et eksempel. Jeres positive energi har skabt så mange synlige resultater, og de er bærende for oplevelsen af Maltfabrikken. Nu kan man færdes i kulturarven, i fortidens rum, i historien, vi er givet adgang, og man kan komme helt tæt på. Rulle sig i den enestående industrihistorie og djærve bygningsmasse.

Vores udgangspunkt for projektet var at tage fat i det, der er. Der er mange vitaminer til stede i den historiske helhed. I virkeligheden ville vi gøre så lidt som muligt. Vi kalder det at sætte strøm til det eksisterende. Lade Maltfabrikken spille hovedrollen, frem for at bygge noget stort ved siden af. Nye bygninger skal indføje sig og gro ud af det eksisterende og indgå i – og forstærke stedets bygningshierarki. Røde facader og den sorte sokkel binder anlægget sammen. Rummene mellem husene flettes sammen med bygningernes rum. Det er blevet til en lille by med pladser og torve, der samler helheden.

I dag er afslutningen på ét forløb og begyndelsen på et andet. Hvor vi glæder os til at følge jer. Vi ønsker jer – af hele vores maltrøde hjerter – alt det bedste for fremtiden.

The project creatively reuses the elegant original lamps and luminaires from the malt house. We all love a lamp like this: they're beautiful, distinctive and radically different from our usual physical surrounding. They embody a detail that upholds the ambience – they astonish. They draw the onlooker in to the history of the place.

It would be virtually impossible to introduce a lamp like this into any other project today, given our modern, regulated construction industry. It defies the logic and regimen of construction agreements, limitations of liability, insurance cover and warranties. It simply doesn't fit into the procedures or time schedules. Who would dare touch a lamp like that?

But you are artistic, creative people; you see the goal ahead. You orchestrate a project that includes the town in your vision. You creatively reuse the old luminaires, which in reality means upcycling your processes and the people involved in them. You are insistent, you turbocharge it with dynamic energy – and you succeed.

You just can't help instantly falling in love with a lamp like this, and you wonder, 'Why doesn't everyone do this?'.

That's just one example. Your positive energy has created so many visible results, and they are fundamental to the experience of Maltfabrikken. You have enabled us to interact with our cultural heritage, with past spaces, with history; we have been given access and can get very close up. We can wallow in this extraordinary industrial history and rough-and-ready building complex.

Our point of departure for the project was to seize hold of what is here. The historic entity is infused with nourishment. In fact, we wanted to do as little as possible. We call it energising what already exists. Allowing Maltfabrikken to play the starring role, rather than building something grand next door. New buildings should work within and grow out of what already exists, and enter into – and reinforce – the structural hierarchy of the place. The red facades and black foundation wall unify the facility. The spaces between the buildings interlace with the spaces within them. Maltfabrikken has become a little village, with squares and open areas that unify the whole.

Today marks the conclusion of one process and the beginning of another. How we look forward to following you. We wish you all the best for the future – from the bottom of our malt-red hearts.

DET HANDLER OM FÆLLESSKAB

IT IS ALL ABOUT COMMUNITY

Interview af by
Kristoffer Lindhardt Weiss

INTERVIEW KRISTIAN KROG

MALTFABRIKKEN

Foto Photo Leana Varnas

KRISTOFFER LINDHARDT WEISS

Hvor plejer du at begynde, når du skal fortælle om Maltfabrikken?

Where do you usually begin when you want to describe Maltfabrikken?

KRISTIAN KROG

Der er mange måder at begynde fortællingen på. Man kan tage afsæt i de personer, der er involveret i projektet, eller i nogle generelle udviklingstræk, der er i vores tid – længslen efter fællesskaber og rum til at skabe noget sammen. I Ebeltoft lå Maltfabrikken, lukket og forladt og fuld af muligheder og bød sig til som et rum, hvor næsten alt kunne ske, hvis bare nogen kom og satte noget i gang. Der begynder fortællingen også. Eller man kan begynde med fortællingen om Maltfabrikken som kulturarv. Fabrikkens bygninger er jo en fortælling i sig selv – om en lang og rig historie og om Ebeltoft som by igennem flere menneskealdre.

There are many ways to start telling the story. One could start off with the individuals involved in the project or some of the general development traits in our times as the starting point: the longing for communities and spaces in which to create something together. Ebeltoft had its closed and abandoned Maltfabrikken complex, brimming with possibilities – an inviting space where almost anything could happen, just waiting for someone to come in and get to work. This is where the story begins, too. Or one could start by describing Maltfabrikken as part of our cultural heritage. The malt house buildings tell a story all their own, of a long, rich history, and about the town of Ebeltoft over multiple generations.

KLW Men hovedfortællingen for dig er den, der handler om fællesskab?

KK Når jeg efterrationaliserer, så var der i Ebeltoft et kæmpestort behov hos en masse mennesker for at have et eller andet at være fælles om. Det var en slags identitetskrise. Ebeltoft havde i mange år været en forkælet by. Den ligger fantastisk ved vandet, har små hyggelige gader, frisk luft, utrolig natur. Men på et tidspunkt begyndte det at gå ned ad bakke for Ebeltoft som sted og fællesskab. Vi havde haft store arbejdspladser og en selvforståelse som Danmarks største turistdestination. Efter 1970'erne blev Ebeltoft overhalet indenom af Skagen. Forretninger lukkede, arbejdspladser forsvandt, færgen stoppede med at sejle. Børnetallet faldt, og to skoler blev til én. I begge ender af gågaden stod butikker tomme. Så forsvandt boghandlen. Hvis ikke man aktivt gør noget for at ændre sådan et mønster og sikre et lokalt liv, der ikke er afhængig af turisme alene, går byen i stå. Der var personer i Ebeltoft, som seriøst forsøgte at bringe byen i spil som et nyt Florida – en destination for velhavende ældre.

KLW Den udvikling skulle vendes. Hvem var I?

KK Projektet Maltfabrikken har mange fædre og mødre. Anders Byriel fra Kvadrat var med fra begyndelsen med et stort engagement. Han lagde en masse energi i projektet og var vigtig som en foregangsmand, der kunne rejse rundt og åbne døre i hele verden. Han satte ord på vigtigheden af nyt initiativ i Maltfabrikken: Hvis de river fabrikken ned, så kan de lige så godt rive resten af byen ned, når de er i gang. Det var en kamp om fremtiden, en kamp om, hvilken by vi ville have. Vi havde brug for et fælles håb og et fælles fundament, noget, der var værd at tro på – en lokal selvforståelse og stolthed. Anders var en fantastisk spydspids i den sammenhæng. Han bidrog med en særlig energi.

KLW På hvilken måde? En energi, der rakte ud over Maltfabrikken som sted?

KK Tanken var, at hvis vi lavede et klassisk kulturhus, så ville det kun henvende sig til et begrænset udsnit af befolkningen. Vi ville skabe et sted for et større fællesskab, et sted, hvor man kunne møde hinanden på tværs af alder, køn, sociale skel osv. – hvor man kunne møde op og arbejde sammen. Vi ville skabe et alternativ til den samfundstendens, at alt bliver mere og mere individualiseret. Et fundament for et rigt og godt liv, hvor man kan møde kultur og kunst og have fælles oplevelser. Maltfabrikken er et sted, der kan meget. Det er ikke bare et kulturhus eller et forsamlingshus, det er noget mere. Det er et initiativ der hviler på kulturelle fusioner og deltagelse. Den transformation prøver Maltfabrikken at bidrage til. Jeg tror, at opgøret med de individualiserede oplevelser bliver en stærk tendens.

KLW Kan du beskrive de ideer I havde, da I begyndte på rejsen?

KK Først og fremmest er Maltfabrikken skabt i kraft af mennesker, som har udlevet drømmen. Maltfabrikken hviler på mange skuldre. Vi har altid sagt, at projektet skal bygge på stærke værdier og gode mennesker. Det er vores hjørnesten og fundament, og fundamentet er det sted, vi kuraterer fra, når vi skaber oplevelser og indhold. Det er et begreb, vi bruger til at forklare, hvordan de mange aktiviteter på Maltfabrikken bliver sat i scene.

KLW Maltfabrikken er også en social katalysator?

KK Det er helt klart et af de pejlemærker, vi har haft. Projektet skal være transformerende både for de folk, der kommer her som gæster, og for dem, der arbejder her eller bliver en del af stedet. Det er vigtigt for os. At alle gæster og aktører bliver en del af familien. Alle aktører har en stemme i fabriksrådet, og alle kan blive en del af Maltfabrikkens fællesskab. Vi inviterer folk ind på deres egne præmisser, og de bidrager hver især med en facet til stedet og er med til at præge det.

KLW Hvordan realiseres det rent praktisk, hvordan ser det ud?

KK Vi kan lide at blande tingene og se, hvad der sker, når vi samarbejder på kryds og tværs og prøver at holde døre på klem, så der er plads til det uventede. Når der er gang i filmprojekter, musik og bål i gården, arbejdende kunstnere, workshops i værkstederne og liv på Rampen, er der som regel et sted, man kan falde ind og være med. Så opstår de uventede samtaler. Der bliver snakket forskellige sprog. Vi er ikke kun Ebeltoft længere. Der er fællesspisning,

KLW But the principal narrative, as far as you are concerned, is about community?

KK In hindsight, I can see that a lot of people in Ebeltoft had an enormous need to share something, anything. It was an identity crisis of sorts. Ebeltoft had been a pampered town for years. It has a magnificent seaside location, small, charming streets, fresh air and scenic landscapes. But at one point, things started to go downhill for Ebeltoft as a town and a community. We've had big workplaces and saw ourselves as the biggest tourist destination in Denmark. Ebeltoft lost this status to Skagen after the 1970s, however. Businesses closed, jobs disappeared and the ferry service stopped. The birth rate declined, and the town's two schools merged into one. Shops stood empty at both ends of the pedestrian shopping street. Then the bookshop closed. If no proactive steps were taken to reverse this trend and safeguard the local activities and businesses that are not solely dependent on tourism, the town was going to stagnate. There were people in Ebeltoft who seriously attempted to bring the town into play as the new Florida – a destination for affluent retirees.

KLW This trend had to be reversed. Who was involved in this?

KK The Maltfabrikken project had many progenitors. Anders Byriel, CEO of Kvadrat, was enthusiastically involved from the outset. He put a lot of energy into the project and was an important pioneer who could travel around opening doors all over the world. He articulated the importance of launching a new initiative based at Maltfabrikken: If they tear down the malt house, they might as well tear down the rest of the town while they're at it. We were fighting for our very future, for the type of town we wanted to have. We needed a shared hope and a common foundation, something to believe in – a sense of local self-identity and pride. Anders was a fantastic spearhead in this context. He infused the project with special energy.

KLW How did he do this? Did his energy extend beyond Maltfabrikken as a place?

KK We thought that if we established a classic cultural centre, it would appeal to only a limited segment of the population. We wanted to create a place that would instil a broader sense of community, a place where people could meet and mingle across age, gender, social barriers, and so on; they could come here and work together. We wanted to create an alternative to the societal trend of ever-increasing individualism. To lay the groundwork for an enriching, rewarding life where it is possible to encounter culture and art and share experiences. We envisioned Maltfabrikken as a place with wide-ranging potential. Not just a cultural centre or a community centre – something that would go beyond that. It is an initiative founded on cultural fusions and participation. Maltfabrikken tries to assist in this transformation. I think that the urge to abandon individualised experiences will be a powerful trend.

KLW Can you portray the ideas you all had when you embarked on the journey?

KK First and foremost, Maltfabrikken was created by people who were living out their dreams. Maltfabrikken is built on the shoulders of many. We have always said that the project had to build on strong values and good people. This is our cornerstone, our foundation, and it is from this point of departure that we curate the venue whenever we create experiences and content. We use this concept to explain how we orchestrate the diversity of activities at Maltfabrikken.

KLW Does Maltfabrikken serve as a societal catalyst as well?

KK This was obviously one of our guiding principles. The project must be transformative for both those who visit us and those who work here or who become part of the venue. This is essential to us. That all visitors and stakeholders join the family. All stakeholders have a voice on the Maltfabrikken council and anyone can join the Maltfabrikken community. We invite people to join us on their own terms, and each individual contributes a personal dimension to the place and helps shape it.

KLW How do you do this in purely practical terms? What does it look like?

Foto Photo Lee Edward

som også er en kunstoplevelse, og som måske samtidig er en koncert. Det er ikke én ting specifikt, det er det hele. Det smelter sammen. Det er overraskende og uforudsigeligt. Vi vil rykke grænser og nedbryde skel, og det sker i den slags legesyge fusioner: Hvad sker der, hvis vi blander de her tre ting sammen? Der er kun én måde at finde ud af det på. Vi prøver!

KLW Kan du fortælle, hvad du gerne vil have, at de mennesker, der besøger Maltfabrikken skal tage med hjem?

KK Vi har besøgende fra Ebeltoft, og vi har gæster fra hele verden. Her kommer mange forskellige typer gæster, og de har forskellige måder at være her og bruge stedet på. Internationale kunstnere i artist residency, sommerturister, unge, der mødes ved skateparken, og de lokale, der kommer til folkekøkken og koncert og alle de andre ting, der sker. Fællesnævneren kunne være næstekærlighed og en oprigtig interesse i fællesskab. Jeg håber, de tager hjem med oplevelsen af at have mødt et fællesskab, hvor de er blevet inviteret med ind, hvad enten de har været her i et par timer eller i flere måneder.

KLW Når du taler om fællesskab, hvilke tanker gjorde I jer i begyndelsen om det at engagere og invitere så mange mennesker ind?

KK Fællesskabet var et potentiale, der skulle realiseres. I sådan en proces kan man ikke forudse, præcis hvilken form det vil tage, om det ser ud, som man forestiller sig inde i sit hoved. Der er forskel på den drøm, initiativtagerne var med til at formulere for Maltfabrikken, og så den måde, det har udviklet sig på, efterhånden som mange mennesker blev en del af projektet og satte deres præg på det. Og det er kun godt. Maltfabrikken er centrum for en masse menneskers drømme. Der er kæmpe forskel på, hvordan vi agerer i dag, og hvordan vi agerede, da vi startede projektet. Vi har kradset i overfladen af fænomenet fællesskab og bliver klogere hver dag, efterhånden som flere mennesker bliver involveret i Maltfabrikken.

KLW I er blevet positivt overrasket over effekten af Maltfabrikkens aftryk på lokalområdet?

KK Den effekt, projektet har, det aftryk, det efterlader, kan vi slet ikke begribe. Hvis nogen havde sagt til mig, at der det første halve år ville komme 500.000 mennesker igennem Maltfabrikken, så havde jeg ikke troet dem. Og flere af de initiativer, der har vokset sig store og er blevet en del af Maltfabrikken, havde vi slet ikke drømt om. I virkeligheden virker det som en katalytisk proces, der er blevet startet af os, men har fået sit eget liv.

KLW Processen, der lever sit eget liv, kan du give et eksempel på det?

KK Eksemplet med de unge er spændende. De unges forankring i Maltfabrikken startede ikke som en defineret strategisk satsning eller endog som et formuleret mål. Det stod faktisk slet ikke på agendaen. Det var de unge, der så en mulighed og tog initiativet. De havde måske fornemmet, at her var en åbning for en drøm, de gik rundt med. Og når man først har skabt den åbning, tiltrækker de første drømme nye store drømme. En masse unge mennesker har fået et sted at være og et stort fællesskab, og det er sket på deres eget initiativ. Helt i Maltfabrikkens ånd er deres sted formet af dem, der har engagement og lyst til at være med. Det kræver en konstant åbenhed og tillid at lade tingene vokse frem på den måde. Og det kræver, at vi planlægger agilt. Sørger for, at der er plads til at gro og være opmærksom på udviklingspotentialet.

KLW Så I navigerer mere efter stærke værdier, end efter en fast beslutning om, hvor I er på vej hen?

KK Maltfabrikken forsøger at frigøre sig fra faste kategorier og dyrke det frigjorte, dyrke blandede former. Jeg tillader mig at sige, at vi har en nærmest grænseløs tillid mellem projektets parter. Vi har lavet vild kunst, festivaler og fællesspisning, og vi har arbejdet dybt seriøst med et meget vigtigt område midt i en by. Her lever jo også andre mennesker, og alligevel har vi fået lov til at gennemføre det her kæmpestore projekt. Det eneste rigtige at gøre, når man får sådan et råderum, det er at have tillid til andre og lade dem komme ind i projektet og sætte deres fingeraftryk.

KLW Maltfabrikken var tidligt en del af et stort internationalt netværk?

KK We like to mix things up and see what happens when we work together in every direction and try to crack open the door to allow space for the unexpected to happen. When film-making projects are in progress, when there's music and a fire in the courtyard, when artists are at work, craft-art workshop courses are in progress and Rampen is bustling, there is usually a place where people can join in and get involved. Unexpected conversations arise. A variety of languages are spoken. We're no longer 'just' Ebeltoft. There is communal dining (an artistic experience in its own right), perhaps featuring a concert at the same time. There isn't one specific part; it's the sum of everything as a whole. Everything coalesces. It's surprising and unpredictable. We want to push the envelope, break down barriers, and have it all take place in light-hearted, exuberant and playful fusions: What happens when we mix these three components together? There is only one way to find out: we try it!

KLW Can you articulate what people should take home with them from Maltfabrikken?

KK We have visitors from Ebeltoft, but also from all over the world. A wide variety of visitors come here, and they have different ways of being here and using the place. International artists in an artist-in-residence programme, summer tourists, young people getting together at the skatepark, and locals attending the communal dining events, concerts and everything else that takes place. The common denominator could be the sense of common humanity and a genuine interest in a community spirit. I hope they take home with them the experience of having encountered a community that welcomed them, no matter if they've been here for just a few hours or several months.

KLW When you mention community, how did you initially envisage that you would welcome and involve such a large number of people?

KK The spirit of community was a potential that had to be exploited. In a process such as this, it is impossible to predict exactly how it will take shape, or whether it will resemble what you had imagined. There is a difference between the dream the initiators helped formulate for Maltfabrikken and the way things actually developed as more and more people got involved in the project and left their mark on it. And that's all to the good! Maltfabrikken is a centre where a lot of people can pursue their dreams. There is a huge difference between how we act today and how we acted when we started the project. We've just scratched the surface of the phenomenon of community, and we're learning more every day as more and more people get involved in Maltfabrikken.

KLW Are you pleasantly surprised by Maltfabrikken's impact on the local community?

KK It is difficult for us to grasp the effect and impact of the project. If someone had come up to me and said that five hundred thousand people would come to Maltfabrikken during the first six months, I would never have believed them. And there are several of the initiatives that have blossomed and become part of Maltfabrikken that we never imagined. In reality, it seems like a catalytic process that we may have started but which has taken on a life of its own.

KLW Can you give an example of how the process is living its own life?

KK The example of young people is interesting. Young people using Maltfabrikken as a base did not start out as a predefined strategic commitment and it wasn't even one of the goals we had articulated. In fact, it wasn't even on the agenda. It was young people themselves who saw an opportunity and took the initiative. Perhaps they sensed that the venue could potentially open the way to realising their personal dreams. And once you've created an opening in which this can happen, the initial dreams attract new, even bigger dreams. A lot of young people have been given a place where they can meet and be part of a larger community, and this came about on their own initiative. Their place is shaped by those with the enthusiasm and desire to make it happen – entirely in keeping with Maltfabrikken's ethos. Letting things blossom like this requires us to be constantly receptive and trusting. And it

Foto Photo Dennis Serup Voigt Kristensen

KK Ja, vi er en del af det europæiske netværk Trans Europe Halles, som tæller en lang række kulturcentre rundtom i Europa, mange af dem i tidligere fabrikker og andre bygninger, som har stået tomme. I netværket deler vi viden og erfaringer fra den slags kulturcentre, som findes, fordi ildsjæle og aktivister har drømt om dem – og realiseret drømmene. Maltfabrikken er lykkedes med at blive et fyrtårn herhjemme, men er også lidt af en global myte i branchen. Det skyldes hele processen med overtagelsen af fabrikken. Midlerne, der kom ind ved salg af folkeaktier. Det, at vi fandt noget at stå sammen om, som fik så bred lokal opbakning, at det lykkedes at rejse et tocifret millionbeløb og købe byområdet. Den historie, den er fuldstændig mytisk derude. Der skulle jo have været et butikscenter på grunden. Maltfabrikken skulle have været fjernet. Der var udstukket en helt anden retning, ikke bare for Maltfabrikken, men for Ebeltoft. Det var ikke bare to forskellige muligheder, det stod imellem. Det var to vidt forskellige verdener.

KLW Men Maltfabrikken bestod og står nu i en ny og anden form. Hvordan holder man den kreative motor i gang, når man har opnået så meget allerede?

KK Det er det helt store spørgsmål, og det er et spørgsmål, som vi aldrig må holde op at stille. I processen var vi rigtig gode til altid at være på vej et sted hen og til at sætte os mål, og vi var meget eksplicitte om, hvad målene var. I hele den proces sagde vi ja, så meget vi overhovedet kunne. Nu gælder det om at bevare åbenheden og bevidstheden om, at der er mange, der er dygtigere end os. Hvad kan vi lære af dem? Vi er meget lokale, men vi skal også arbejde internationalt, blive ved med at hente ny inspiration ind i projektet og bevare nysgerrigheden. Vi skal turde blive ved med at drømme, blive ved med at gå ind i processen, blive klogere og være villige til at se ting vokse og udvikle sig på måder, som vi ikke kan forudse. Det er en indstilling.

KLW Boligpriserne i Ebeltoft er på vej op. Hvad tror du, det kommer til at betyde for Maltfabrikken, at Ebeltoft ser ud til at blive en del af trenden, hvor flere flytter fra storbyerne for at bosætte sig i de mest attraktive udkantsområder?

KK Uanset hvilken vej udviklingen går, giver Maltfabrikken kun mening, så længe den insisterer på at være et sted for alle. Skulle Ebeltoft blive en velhaverenklave, er det måske os, der skal udfordre den magelighed, der ofte følger med, når mange har rigeligt. På opslagstavlen i Maltfabrikkens arbejdsfællesskab hænger der et citat af Cesar A. Cruz: "Art should comfort the disturbed and disturb the comfortable", og det kan næsten ikke siges klarere. Vi skal altid kunne begge dele, og hvis der bliver flere, der har det mageligt, vil der nok være behov for mere forstyrrelse. Hvis vores fællesskab skal give mening for alle de mennesker, der bor her, må vi også arbejde med de positioner, der er ukomfortable og turde gå helt ud til kanten og stille et stort fedt lysende spørgsmålstegn. Først og fremmest skal der være plads til alle. Unge og gamle. Dem, der har boet her altid, dem, der lige er flyttet hertil, og dem, der er på gennemrejse. Alle har noget at bidrage med. Den energi har været med til at drive projektet frem. Der opstod tidligt en art cirkulær økonomi, hvor man bød ind med det, man kunne, og den tendens bredte sig langt ud i netværket. For nogle er det nærmest et livsprincip. Man investerer noget af sin tid i projektet, på samme måde som man investerer tid i at lave god mad til sine venner.

KLW Så Maltfabrikken er vært snarere end klassisk oplevelsescenter?

KK Værtskabet er helt centralt, og jeg synes, det er noget, vi kan blive bedre til. At være gode værter. Det gælder os alle sammen. Helt generelt, som mennesker og som danskere. Og så er vi tilbage ved fællesskabet og den kultur, hvor man godt kan gøre ting frivilligt. Det har vi haft en tradition for at gøre, når vi lavede forsamlingshuse ude i landsbyerne, i andelsbevægelsen og i foreningslivet. At man bliver trukket uden for sin egen private hæk og tager et samfundsansvar. Det er altid alles ansvar, og vi har ikke kun ansvar for det, der på kort sigt gavner os selv mest, eller over for dem, vi på forhånd ved, at vi er enige med. Det er også noget af det, vi har lært i processen.

requires us to be agile planners. Ensuring that there is room to grow and being alert to the development potential.

KLW So you navigate based on powerful values rather than a fixed decision about where you're headed?

KK Maltfabrikken tries to extricate itself from fixed categories, seeks to disengage itself and nurture the intermingling of forms. I allow myself to say that the trust among project members is almost limitless. We've created provocative, cutting-edge art, festivals and communal dining, and we've wholeheartedly worked on developing an area of crucial importance in the centre of a town. Other people live here, too, yet even so, we've been allowed to implement this gigantic project. The only sensible thing to do when entrusted with such latitude is to show confidence in others and let them enter the project and leave their mark.

KLW Early on, Maltfabrikken joined a vast international network.

KK That's right, we're members of the Trans Europe Halles network which includes a great number of cultural centres throughout Europe, many of them housed in former factories and other abandoned buildings. Through the network, we share knowledge and experiences with the types of cultural centres that owe their existence to enthusiasts and activists who had dreamed dreams for them – and made these dreams come true. Maltfabrikken succeeded in becoming a lighthouse here in Denmark, but it is also something of a global legend in the sector. This is due to the whole process involved in taking over the malt house complex. The 'crowdfunding' we received from selling small-denomination shares. The fact that we found something that drew people together and received such wide-ranging local support that we managed to raise an amount in the double-digit millions and buy this section of town. This part of the story is completely mystifying to the wider world. By all rights, a shopping centre should have built here. Maltfabrikken should have been demolished. A completely different direction had been staked out, not just for Maltfabrikken but for Ebeltoft in general. It wasn't a choice between two alternatives. It was a choice between two vastly different worlds.

KLW But Maltfabrikken prevailed and is now standing there in a new and different form. How do you keep the creative engine purring after having already achieved so much?

KK That's the big question, isn't it? And it's a question we'll never stop asking. Along the way, we've always excelled at heading somewhere and setting goals, and we've explicitly defined them. Throughout the process, we always said 'yes' to as much as was at all possible. Now it's a matter of upholding our receptiveness and awareness of the fact that there many others out there who are better at this than we are. What do we have to learn from them? We're extremely local, but we also have to work in international contexts, bring new sources of inspiration into the project and never stop being inquisitive. We must dare to keep dreaming, keep engaging in the process, learning from our mistakes and letting things grow and develop in ways that we can't predict. This is an approach and an attitude.

KLW Housing prices in Ebeltoft are rising. How do you think this will affect Maltfabrikken if Ebeltoft becomes part of a trend where increasing numbers of people move away from big cities to settle in the most attractive peripheral areas?

KK No matter which path the trend takes, Maltfabrikken will only make sense as long as it insists on being a place for everyone. Were Ebeltoft to become an affluent enclave, then perhaps we would have to be the ones to challenge the indolence that often emerges when many people have more than enough. A quotation from Caesar A. Cruz is posted on the bulletin board of Maltfabrikken's co-working community: "Art should comfort the disturbed and disturb the comfortable", and it's hard to imagine clearer words being spoken about this. We must always be capable of both, and if more of us become too comfortable, more disturbance will probably be needed. In order for our community to make sense to everyone who lives here, we must also work on the uncomfortable positions and dare to go right to the brink and ask the big, fat shining questions. First and foremost, there must be space for everyone. Young and old alike. Those who have lived

KLW På hvilken måde?

KK I starten oplevede vi det i projektgruppen, som om det var kommunen mod os. Som to lastbiler, der kørte frontalt ind i hinanden. Indtil vi zoomede længere ud og erkendte, at kommune betyder fælles – helt bogstaveligt. Det betyder os alle sammen. Den forståelse har vi brug for, den er fundamentalt vigtig. Hvis et fællesskab skal fungere, skal vi være indstillet på at komme hinanden i møde, ellers kæmper vi i virkeligheden mod os selv. Omvendt: Det, vi giver til fællesskabet, giver vi også til os selv. Frivilligt engagement er en fantastisk drivkraft for tillid, nærhed, kærlighed og sammenhængskraft. Jeg tror på, at det, vi giver videre til andre, det kommer tilbage på et tidspunkt. Vi er jo en del af det samme kredsløb.

KLW Maltfabrikken har ikke blot været med til at transformere et byområde og skabe nye fællesskaber, den har også transformeret jer, der har været igangsættere?

KK Det har givet en dybere erkendelse af, at man får et mere meningsfyldt og indholdsrigt liv, hvis man er noget for andre. Det gælder for enkeltpersoner, men det gælder også for steder og institutioner. Det er svært at sætte et tydeligt fingeraftryk, hvis man bare står der med sin egen lille finger, men Maltfabrikken viser jo, at når man står sammen, så kan man sætte et aftryk, der er helt sindssygt stort, og som ikke bare holder en sommer eller et år, men vil blive ved med at være der. Langt ud i fremtiden.

here all their lives, those who have recently moved here and those who are passing through. Everyone has something to contribute. This energy has helped advance the project. A circular economy of sorts arose early on, where people gave what they could, and this tendency spread far out into the network. To some, it is almost a philosophy of life. One invests some of one's time in the project just as one invests time in cooking a good meal for one's friends.

KLW So Maltfabrikken is a host rather than a classic experience centre?

KK The hosting concept is key, and in my view it's something we can be better at. Being good hosts. This is true of all of us. Both in general, as people, but specifically as Danes. Which brings us back to the spirit of community and a culture in which it is possible to contribute voluntarily. This is the way we've traditionally set up community centres in rural villages, in Denmark's cooperative movement of the 19th century and in the activities of clubs and associations of today. The way people were drawn out of their comfort zones and took social responsibility. It is always a shared responsibility, and we are not only responsible for doing what benefits us the most in the short term or for those we see eye to eye with from the start. This is also some of what we have learned during the process.

KLW In what way?

KK Initially, those of us in the project group felt like the municipality was against us. We felt like two vehicles colliding head-on. Until we zoomed out and acknowledged that the Danish word for municipality – kommune – literally means community. It means all of us. We need this understanding – it is paramount. In order for a community to work, we must be prepared to meet one another half way, because otherwise we're struggling against ourselves. Conversely, whatever we give to the community, we also give to ourselves. Voluntary commitment is a brilliant motivating force for trust, closeness, a shared sense of humanity and cohesive strength. In my opinion, we pass this on to others and it comes back to us at some point. We are part of the same cycle, of course.

KLW Maltfabrikken has not only helped transform an urban district and establish new communities. Hasn't it also transformed those of you who were its initiators?

KK It has deepened our recognition that being there for others makes one's life more meaningful and interesting. This applies to individuals, but it is also true of places and institutions. It is difficult to leave a distinct fingerprint if all you have is your own little finger, but Maltfabrikken shows that by sticking together, you can leave a mark that is fantastically big, and which lasts not just for a summer or a year, but will keep on being there. Far into the future.

Foto Photo Vibeke Wang

Foto Photo Lee Edward

Det var en lun sommeraften, engang i 1999, må det have været. Jeg var 12 år gammel og rendte rundt med min gode ven Simon og lavede rav i den. Jeg var egentlig en ret artig pige, og han var heller ikke nogen rod selv, men lige præcis den aften var der noget i luften, og jeg kunne mærke, at vi skulle lave noget ud over det sædvanlige. Vi gik en tur ned til Fregatten, og noget drev os op til Maltfabrikken, som jo stod der efterladt som et spøgelseshus og hviskede frækt til os, om at vi skulle komme og udforske det. Fabrikkens røde farve virkede endnu mere glødende i solnedgangen, og vi følte, at det eneste rigtige var at komme helt op på toppen og fange solnedgangen, se ned over vandet og ud over vores smukke by. Vi fandt et vindue og kravlede den vej ind i bygningen. Det var et efterladt kontor med dokumenter, der flød over det hele, støv alle vegne og glasstykker på gulvene. I et hjørne stod nogle bøtter maling, og på skrivebordet et par støvede briller blandt en masse sagsmapper. Hvem flygtede fra hvad og under hvilke omstændigheder? Vi anede intet om stedets historie. For os så det ud, som om der var sket en naturkatastrofe, en kernekraftulykke, måske endda et jordskælv? Vi følte, at det var farligt, og at vi havde overtrådt alle regler ved overhovedet at være til stede. Vildskaben ramte os, og vi kunne ikke dy os. Bøtterne med maling blev åbnet, og vi dekorerede væggene, kastede med stolene, ødelagde vinduerne. Det føltes så godt, fordi det var så forbudt. Det at synde bragte os tættere på hinanden, og hemmeligheden cementerede vores venskab. Vi møvede os op på toppen og fangede solnedgangen i sidste øjeblik. Vi var så unge, og vi vidste godt, at der var noget magisk ved det, og at øjeblikket var særligt. Det føltes som et minde allerede i øjeblikket, og det har fulgt mig lige siden. På et tidspunkt talte de om at rive Maltfabrikken ned, og jeg husker, at jeg gruede for, at mindet ville blive revet fra mig med bygningen.

Alle fotos All photos Esben Zøllner Olesen

It was a warm summer's evening, it must have been in 1999. I was 12 years old and running around with my good friend Simon getting into trouble. I was actually quite a well-behaved girl, and he wasn't really a troublemaker either, but there was something in the air that evening and I just knew we were going to do something extraordinary. We went for a walk down to Fregatten Jylland on the waterfront and something prompted us to go up to Maltfabrikken, which at the time stood there abandoned like a haunted house, provocatively tempting us to come up there and explore it. Its red brick colours seemed red-hot in the sunset, and we thought it would be a great idea to climb all the way to the top to catch the sunset and look down across the water and our lovely town. We found a window and climbed through it to enter the building. It led to an abandoned office with documents lying about wherever you went, dust everywhere and pieces of shattered glass on the floors. Some pots of paint were standing in a corner, and a pair of dusty spectacles were lying on the desk among piles of files and papers. Who had run away from what and under what circumstances? We knew absolutely nothing about the history of the place. To us, it looked like a natural disaster or a nuclear accident or even an earthquake had occurred. We felt that it was dangerous and that we had broken every rule in the book by just being there. We were overcome with reckless abandon and couldn't resist the temptation. We opened the pots of paint and decorated the walls, threw chairs around, smashed the windows. It felt so good because of the sheer naughtiness of it. Our blasphemous act brought us closer together and reinforced our friendship with this little secret. We muscled our way to the top to catch the last rays of the setting sun. We were so young, and we knew very well that there was something magical about it and that the moment was special. It felt like something to be remembered the moment it happened, and it has been with me ever since. At the time, there was talk of demolishing Maltfabrikken, and I remember dreading whether the memory would be ripped out of me along with the building.

S. B. Lundbergs Maltfabrik A/S

8400 Ebeltoft . Tlf. (06) 34 10 11

TIDSLINJE OVER MALTFABRIKKENS HISTORIE

TIMELINE OF MALTFABRIKKEN'S HISTORY

1857 – 1879

1857
S.B. Lundberg (1831-1901) løser borgerbrev som købmand i Ebeltoft og lejer købmandsgården i Adelgade 39-41.
Søren Buchtrup Lundberg (1831–1901) takes out a trade licence as a merchant in Ebeltoft and rents the merchant's estate at Adelgade 39–41.

1861
S.B. Lundberg køber købmandsgården.
S.B. Lundberg buys the merchant's estate.

1860 – 1885
S.B. Lundberg producerer malt i købmandsgårdens pakhus.
S.B. Lundberg produces malt in the merchant estate's warehouse.

1880 – 1899

1886
S.B. Lundbergs ene søn, Frederik Lundberg (1864-1933), overtager ansvaret for den voksende maltproduktion.
S.B. Lundberg's son Frederik Lundberg (1864–1933) takes over responsibility for the growing production of malt.

Årets produktion: 70 tønder malt.
Annual production: 7 tonnes of malt.

1888
Årets produktion: 140 tønder malt.
Annual production: 14 tonnes of malt.

1889
Ny tørreovn tages i brug, produktionen vokser.
New drying kiln put into use; the production grows.

1890
S.B. Lundbergs anden søn, Niels Lundberg (1861-1921), bliver en del af virksomheden.
S.B. Lundberg's son Niels Lundberg (1861–1921) joins the company

1892
Nyt kornmagasin opføres.
Construction of new granary.

1895
Malteriet udvides med en malt-kølle, et nyt støberum, en damp-maskine og en dampskorsten. Hermed har købmandsgården fået et regulært maltningsanlæg.
The malt house complex is enlarged by the construction of a malting kiln, a new steeping room, a steam engine and a steam funnel. These facilities transform the merchant's estate into a full-blown malting facility.

1896
4.042 tønder malt udskibes fra Ebeltoft havn.
404.2 tonnes of malt are shipped from the Port of Ebeltoft.

1900 – 1909

1910 – 1919

1901
S.B. Lundberg dør, 69 år gammel.
S.B. Lundberg dies at the age of 69.

Jernbaneforbindelsen mellem Ebeltoft og Trustrup åbner og giver nye afsætningsmuligheder.
The railway line between Ebeltoft and Trustrup opens, providing new marketing opportunities.

1909
Handelsfirmaet S.B. Lundberg begæres konkurs efter fejlslagne spekulationer.
Produktionen genoptages, da Niels Lundbergs svigerfar yder indskud i virksomheden.
Handelsfirmaet S.B. Lundberg enters into bankruptcy after unsuccessful speculations.
Production resumes after Niels Lundberg's father-in-law injects capital into the company.

1910
Lundbergs Maltfabrik og Kulimport A/S oprettes.
Lundbergs Maltfabrik og Kulimport A/S is formed.

1914–1918
Maltfabrikken producerer kaffe-erstatning under 1. verdenskrig.
The malt house produces ersatz coffee during World War I.

1917
Ny stor maltkølle opføres.
A new malting kiln is built.

1919
Maltfabrikkens arbejdsmænd strejker fra 27. februar til 11. marts. Efter indgået forlig får de 48 timers arbejdsuge og en timeløn på 1,08 kr.
Maltfabrikken's workers go on strike from 27 February to 11 March. After negotiating a settlement, they get a 48-hour working week and an hourly wage of DKK 1.08.

1918–1920
Maltfabrikken får indlagt elektricitet, og støberummets kapacitet udvides.
Electricity is installed at Maltfabrikken, and the capacity of the steeping room is enlarged.

1920–1939

1940–1959

1921
Niels Lundberg dør og efterlader sig Danmarks næststørste maltfabrik målt på bygningsomfang.
Niels Lundberg dies, leaving behind the second-largest malt house in Denmark measured in terms of total structural volume.

1922–1923
A/S Lundbergs Maltfabrik og Kulimport træder i likvidation, og produktionen ligger stille. Der varsles tvangsauktion over selskabets ejendom.
Lundbergs Maltfabrik og Kulimport A/S commences winding-up proceedings, bringing production to a standstill. A foreclosure auction of the company's property is announced.

1924
A/S Lundbergs Maltfabrik og Kulimport slettes af Aktieselskabsregisteret. Niels Lundbergs søn, S.B. Lundberg (1892-1980), rekonstruerer virksomheden, og produktionen genoptages. S.B. Lundbergs bror, Carl Lundberg (1894-1969), bliver driftsleder på fabrikken.
A/S Lundbergs Maltfabrik og Kulimport is removed from the Danish Registry of Companies. Niels Lundberg's son, Søren Carl Frederik Christian Buchtrup Lundberg (1892–1980), reorganises the company, and production resumes. S.B. Lundberg's brother, Carl Lundberg (1894–1969), is appointed operations manager of the malt house.

1927
Et nyt aktieselskab etableres under navnet S.B. Lundbergs Maltfabrik A/S.
A new public limited company is formed under the name S.B. Lundbergs Maltfabrik A/S.

1940–1942
Selskabets bruttoavance på kaffeerstatning overstiger under krigen bruttoavancen på malt.
The company's gross profits from selling ersatz coffee during the war exceed the gross profits from malt.

1946–1947
Et nyt maltlager i to etager opføres som selvstændig bygning.
A new two-storey malt storage facility is built as a stand-alone building.

START–50'ERNE
En ny fireetagers bygning opføres i forlængelse af det oprindelige pakhus.
A new four-storey building is added on to the original warehouse.

1957
Fabrikkens maltgulve erstattes med moderne spirekasser med elektriske vendere.
The malt house's malting floors are replaced by modern germination vessels with electric turners.

1960 – 1997

1960
Seks siloer opføres. Samlet kapacitet ca. 15.000 tønder korn.
Six silos are built. Total capacity: approximately 1,500 tonnes of grain.

1964
Yderligere seks siloer opføres. Det færdige anlæg på i alt 12 siloer rummer 30.000 tønder korn. Siloanlægget forsynes med et korntørreri, der gør det muligt for fabrikken at tørre 5-6 tons korn i timen.
Six more silos are built. The completed storage facility comprising 12 silos can hold 3,000 tonnes of grain. The silo installation plant is equipped with a grain-drying plant that makes it possible for the malt house to dry 5–6 tonnes of grain an hour.

1966
S.B. Lundberg trækker sig tilbage som leder af Maltfabrikken og afløses af sin søn, Niels Lundberg (1922-1981).
S.B. Lundberg steps down as director of the malt house and is replaced by his son Niels Lundberg (1922–1981).

1968 – 1970
Maltproduktionen automatiseres fuldstændigt efter en investering på 2 mio. kr. i et nyt produktionsapparat. Kapaciteten i det nye anlæg kan producere malt til 600.000 pilsnere om dagen.
The malt production process becomes fully automated after DKK 2 million is invested in a new production system. The new system's capacity can produce enough malt for 600,000 lager beers a day.

1981
Niels Lundberg dør. Hans bror, Jørgen Lundberg, forsøger at drive fabrikken videre.
Niels Lundberg dies. His brother Jørgen Lundberg attempts to carry on malt house operations.

1983
Jørgen Lundberg varsler lukning af maltfabrikken. Fabrikkens revisor, Bent Fredberg, opkøber alle selskabets aktier med henblik på at drive virksomheden videre trods voksende konkurrence.
Jørgen Lundberg announces his intention to close the malt house. Bent Fredberg, the malt house's accountant, buys the entire shareholding in the company to carry on the business's activities despite stiffening competition.

1993
Produktionen lukkes ned, og fabrikken udbydes til salg for 26 mio. kr.
The production process is shut down and the malt house complex is put up for sale for DKK 26 million.

1995
Produktionen genoptages, men konkurrencen bliver stadigt hårdere.
Production is resumed, but competition continues to toughen.

Ebeltofts gamle maltfabrik sælges

Virksomhed. Slægtsfirma afhændes

EBELTOFT - Den cirka 135 år gamle S.B. Lundbergs Maltfabrik A/S er sat til salg. Virksomheden rummer blandt andet en beboelsesejendom på gågaden i Ebeltoft foruden de karakteristiske pompejirøde fabriks- og lagerbygninger samt siloanlæg og villa på den store facadegrund på Strandvejen.

I alt omfatter ejendomskomplekset 6.000 etagemeter, og grundarealet er cirka 10.000 kvadratmeter.

Maltfabrikkens areal ligger på byzonejord og er udlagt til bolig- og erhvervsformål, så der vil være mulighed for at placere for eksempel beboelse, hotel eller bruge det til centerformål.

Der har været fremstillet malt i Ebeltoft i flere hundreder år, da der i næsten hver købmandsgård var et brændevinsbrænderi, og i de seneste godt 100 år er det altså sket på S. B. Lundbergs maltfabrik, der blev grundlagt i 1857 af den 26-årige Søren Buchtrup Lundberg og ført videre af hans sønner og sønnesønner.

Det nuværende aktieselskab, som i dag ejer virksomheden, etableredes i 1927.

-kiss

19/3 1998

Aa St.

19/3-98

TORSDA

Maltfabrikken i Ebeltoft søges nu solgt. ARKIVFOTO

Maltfabrikken er igen til salg

Omfatter hele ejendommen

VIRKSOMHED

EBELTOFT – Efter at have været i brug i nogle år efter et forgæves forsøg på at få fabrikken solgt, er S. B. Lundberg Maltfabrik A/S nu sat til salg igen gennem advokat Bill Andersen i Århus.

Der er tale om hele bebyggelsen med fabrik, silo samt villaen ud mod Strandvejen. Desuden hører der to beboelsesejendomme på Adelgade 41 og 43 med. Ejendommene indeholder både beboelse, kontorlokaler og to forretningslokaler.

Grundarealet er på 10.000 kvadratmeter og kan bebygges yderligere. Det støder umiddelbart op til garverigrunden, der nu er lagt i faste rammer i en lokalplan med mulighed for beboelse.

eis

1998
S.B. Lundbergs Maltfabrik A/S lukker.
S.B. Lundbergs Maltfabrik A/S closes.

2000–2009

2010

2011

MALTFABRIKKENS FOLKEAKTIE

VI DRØMMER OM DEN NY MALTFABRIK

/DEN\ NY\MALT /FABRIK

Denne donation er at betragte som et tilskud til Fonden Den ny Maltfabrik - et bidrag til at realisere en vision, ikke en investering!

Maltfabrikken share

This donation is a contribution to the Fund for The new Maltfabrik - a donation not an investment!

KR. 1.000,-
AKTIE NR.

2000
Maltfabrikkens ejer, Bent Fredberg, har ambitioner om at restaurere Maltfabrikken og omdanne den til bryggeri, restaurant, biograf og hotelvirksomhed.
Bent Fredberg, owner of the malt house, has ambitions to refurbish Maltfabrikken into a brewery, restaurant, cinema and hotel.

2004
Ebelfestival afholdes for første gang på Maltfabrikken.
Ebelfestival is held at Maltfabrikken for the first time.

2006
Ejendommen Maltfabrikken sælges for 10 mio. kr. til en lokal udvikler.
The malt house building complex is sold to a local developer for DKK 10 million.

2008
Syddjurs Kommune nedsætter en erhvervstænketank for kultur, som anbefaler, at Maltfabrikken bliver et center for ny kreativ og kunstnerisk udvikling i kommunen.
Syddjurs Municipality sets up a Business Think Tank for culture, which recommends making Maltfabrikken into a centre for new creative and artistic development in the municipality.

10. SEPTEMBER
Projektgruppen afholder eventen 'Bevar Maltfabrikken' på arealerne nord for fabrikken sammen med BLIS.
The project group hosts the event 'Save Maltfabrikken' on the site north of the malt house together with BLIS (association for development and protection of the urban and landscape culture within the municipality).

SEPTEMBER
Byrådet i Syddjurs Kommune beslutter at igangsætte en lokalplan for nedrivning af Maltfabrikken.
The town council of Syddjurs Municipality decides to launch a local development plan for the demolition of Maltfabrikken.

JULI
Projektgruppen indgår betinget købsaftale på Maltfabrikken og lejer en del af bygningerne til events og udstillinger.
The Project Group enters into a qualified purchase agreement at Maltfabrikken and rents out a number of the buildings for events and exhibitions.

2012

Mine eftermiddage i Paradis

...Debat

AF INGER VIBE STORM-BOE
Øer, Ebeltoft

JAZZ: Maltfabrikken, solvarme jazz-eftermiddage. Timer med skøn musik og dejlig mad og mange smil og klapsalver til de dygtige musikere...

Jo, Ebeltoft kan det der!

Jeg sad der næsten hver dag fra 14 til 16.30 og lod al den skønne musik flyde gennem mig. Specielt husker jeg Jeanette Bonde med en dejlig saxofonist - det var drømmeagtig smukt udført.

En rå stemme - også fuld af sødme - som en blanding af Judy Garland og Annisette - sang timerne bort i solen på de hårde stole og palle-sofaerne, og publikum var vilde.

Næste dag sang en ganske ung kvinde med en sødme og en hårdhed og en indlevelse, så der fik jeg også en stor oplevelse. Troede ikke der kunne være så meget musik og vildskab i så ung en pige...

Tak til Ny Malt for oplevelsen!

Jeg håber der kommer sådan en jazzuge næste år igen!

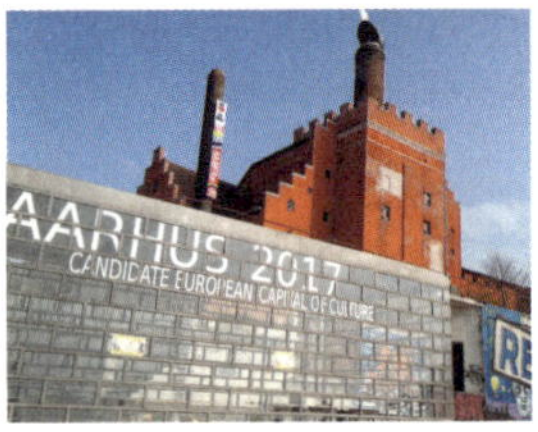

2013

RAMPEN

2014

JANUAR

Sekretariatet oprettes i glascontaineren fra Aarhus 2017 foran Maltfabrikken.

A secretariat is set up in the glass container in front of Maltfabrikken, in connection with Aarhus 2017 – European Capital of Culture.

HELE ÅRET

Maltfabrikken sælger folkeaktier og samler penge ind til køb af bygningerne.

Maltfabrikken sells folkeaktier (small-denomination shares, a form of crowdfunding) to raise money to purchase the buildings.

NOVEMBER

Sekretariatet flytter ind i Rampen.

The secretariat moves into Rampen.

Fonden Den ny Maltfabrik stiftes.

'Den ny Maltfabrik' foundation is formed.

Fonden erhverver Maltfabrikken for 21 mio. kr.

The foundation acquires Maltfabrikken for DKK 21 million.

27. JUNI

Byrådet beslutter at bakke op om projektet.

The town council decides to support the project.

OKTOBER

Ungekulturhuset Rampen åbner.

Rampen, a young people's cultural centre, opens.

Workshops for alle kommende aktører på Maltfabrikken.

Workshops for all prospective stakeholders at Maltfabrikken.

FEBRUAR

Maltfabrikkens Venner stiftes.

The Friends of Maltfabrikken Society is formed.

3. OKTOBER

Maltfabrikken bliver optaget som medlem i Trans Europe Halles.

Maltfabrikken joins the Trans Europe Halles network.

2015

2016

2017

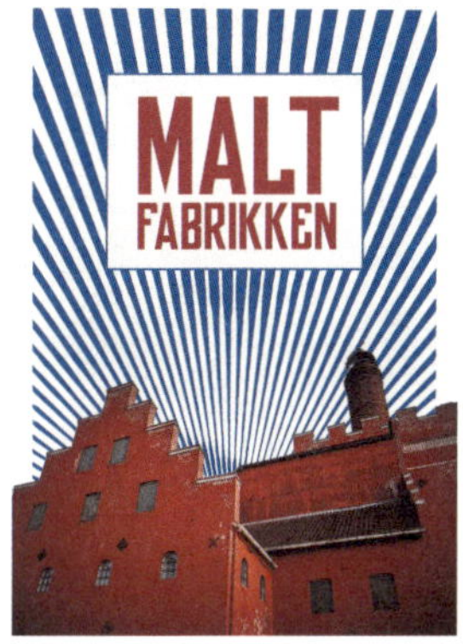

JANUAR
Maltfabrikken tilbyder kompetenceudviklingsforløb for lokale virksomheder.
Maltfabrikken hosts skills development courses for local businesses.

Rambøll vælges som bygherrerådgiver.
Ramböll is selected as the building owner's consultant

MAJ
Maltfabrikkens Überwerke Creative Lab åbner i Adelgade.
Maltfabrikken's Überwerke Creative Lab opens in Adelgade.

JUNI
Rampen åbner midlertidig skatepark.
Rampen opens a temporary skatepark.

We Love Ny Malt Festival afholdes for første gang.
The 'We Love Ny Malt Festival' is held for the first time.

AUGUST
Dronning Margrethe II besøger Maltfabrikken.
Queen Margrethe II visits Maltfabrikken.

DECEMBER
Maltfabrikkens arkitektkonkurrence begynder.
Maltfabrikken's architectural competition begins.

JANUAR
Seks teams er prækvalificerede i arkitektkonkurrencen.
Six teams prequalify for the architectural competition.

MARTS
Det Grænseløse Køkken bygger midlertidigt hus i Maltgården.
Det Grænseløse Køkken (The Borderless Kitchen) builds a temporary building in the Maltfabrikken courtyard.

JUNI
To teams går i finalen i arkitektkonkurrencen.
The field is winnowed down to two finalist teams for the architectural competition.

JUNI 2016
We Love Ny Malt Festival.
'We Love Ny Malt' Festival

AUGUST
Eat The World – Street Food Festival.
'Eat the World' Street Food Festival

SEPTEMBER
Blue Ocean Music Festival.
Blue Ocean Music Festival

OKTOBER
Praksis vinder arkitektkonkurrencen.
Praksis wins the architectural competition.

JANUAR
Maltfabrikken og aktører fra Region Midtjylland skyder kulturhovedstadsåret i gang.
Maltfabrikken and stakeholders from the Central Denmark Region launch the European Capital of Culture year.

NOVEMBER
Dialog med lokale håndværkere om den kommende renovering af fabrikken.
Dialogue entered into with local builders and technicians about the upcoming refurbishment of the malt house complex.

2018

FEBRUAR
Første spadestik fejres i Maltgården i bidende kulde.
Groundbreaking ceremony held in the Maltfabrikken courtyard in icy-cold weather.

DECEMBER
Bygherre afholder rejsegilde for håndværkerne.
The developer holds a topping out ceremony for the builders.

2019

JULI
Villa Lundberg, Maltlageret og Rampen er færdige og bliver taget i brug.
Villa Lundberg, Maltlageret and Rampen and completed and put into service.

Maltfabrikken holder byggepladsfestival hele sommeren.
Maltfabrikken holds a construction-site festival all summer long.

2020

26. JUNI
Maltfabrikken åbner officielt.
Maltfabrikken officially opens.

Foto Photo Jacob Almtoft

Foto PhotoHans Ringmacher

Tine Rolapp

For mig som barn var Maltfabrikken 'det uhyggelige sted i byen'. Den var var mystisk, hemmelighedsfuld og skræmmende. Jeg var altid lidt bange, når jeg skulle forbi, og jeg kom aldrig tæt på, fordi jeg havde hørt rygter om, at der blev solgt stoffer derinde. Om aftenen, når der var lys i alle andre bygninger, lå den der midt i byen, mørk og kæmpestor. Selv når jeg var sammen med mine forældre, var det uhyggeligt at være i nærheden af den eller gå forbi den. Maltfabrikken var for mig som barn et sted, man skulle gå langt udenom. Og det gjorde jeg.

Da jeg som ung hørte, at der var politiske diskussioner om, hvorvidt Maltfabrikken skulle rives ned, kunne jeg slet ikke bære tanken. For selvom jeg som barn havde syntes, den var uhyggelig, så syntes jeg også, at den var utrolig smuk, unik og et varetegn for Ebeltoft.

As a child, Maltfabrikken was 'the scariest place in town'. It was mysterious, secretive and terrifying. I was always a little uneasy if I had to walk past it, and I tried to stay away, because it was rumoured that drugs were being sold in there. In the evening, when all the other buildings had lights in the windows, it just stood there, in the centre of town, dark and monstrous. Even when I was with my parents, it was spooky to be near it or walk past it. As a child, I was told to stay well clear of Maltfabrikken. And I did.

In my teens, when I heard that politicians were discussing whether to demolish Maltfabrikken, I couldn't bear the thought of it. Because even if it had been a scary place to me as a child, I also felt that it was an incredibly beautiful and unique landmark for Ebeltoft.

Foto Photo Kristian Krog

MIE DINESEN
ROADSCAPE
CAMERA OBSCURA
2020

EAT THE WORLD
STREET FOOD FESTIVAL

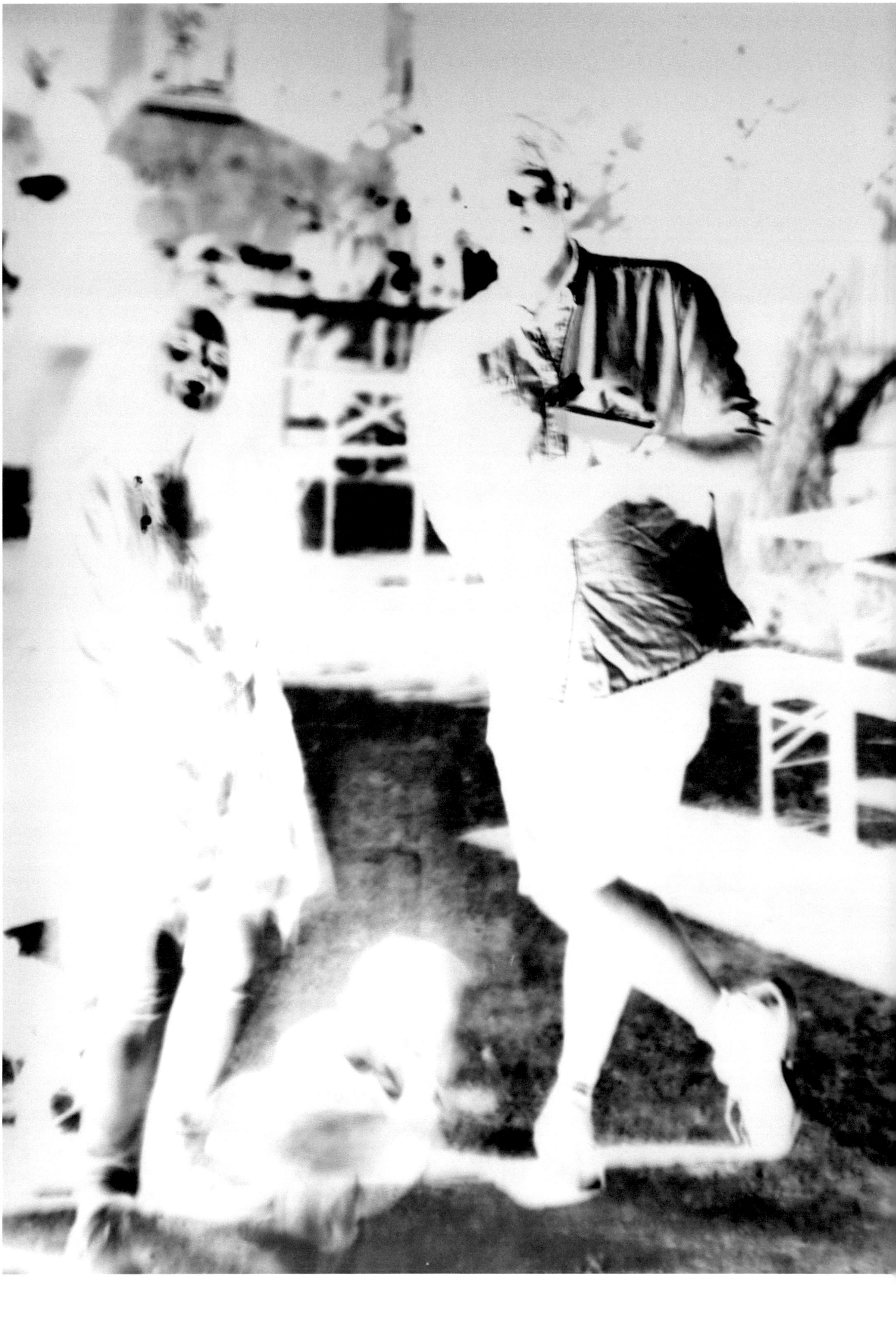

Foto Photo Simon Thordal

Siloer vest for Maltfabrikken, 1964
Silos west of Maltfabrikken, 1964

S.B. LUNDBERGS MALTFABRIK I EBELTOFT

S.B. LUNDBERG'S MALT HOUSE, EBELTOFT

Skrevet af Written by
Historiker og museumsinspektør Historian and Museum Inspector
Lea Glerup Møller, Museum Østjylland

Alle fotos All photos
Ebeltoft Byhistoriske Arkiv

Historien om S.B. Lundbergs Maltfabrik og malteventyret i Ebeltoft er et stykke industrihistorie, der strækker sig over 140 år. En sand iværksætterfortælling om at finde et markedspotentiale, udvikle en nicheproduktion og udvise forandringsparathed over for skiftende tiders markedsudfordringer. Det er også beretningen om monotont og slidsomt arbejde, produktionsfremgang, dramatiske op- og nedture, konflikter og konkurser – og ikke mindst om en ikonisk bygning i Ebeltofts bybillede.

The history of S.B. Lundberg's malt house and malting venture in Ebeltoft is a piece of industrial history spanning 140 years. It is a true tale of entrepreneurship about finding and developing a niche market and its potential and adapting to the market challenges of changing times. It is also a tale of monotonous, laborious work, production increases, dramatic upswings and downturns, labour conflicts, bankruptcies and, not least, an iconic building that is part of the Ebeltoft skyline.

Fabriksanlægget beliggende på bakkekammen med første maltkølle, 1895
The factory located on the ridge with the first malt kiln, 1895

Set på afstand ligner Maltfabrikken en middelalderborg, eller måske snarere forestillingen om en middelalderborg, som den ligger der på sit højdedrag ud mod Ebeltoft Vig. Bygningen er et af mange eksempler på den "udadvendte, nærmest højtråbende industriarkitektur, som karakteriserede mange af de danske bryggerier, der blev opført fra midten af 1800-tallet og frem."[1] Med den iøjnefaldende byggestil udstillede fabriksejerne deres økonomiske formåen i udformningen af fabriksanlæggene, der samtidig fungerede som lokale reklamesøjler for deres varemærker og produkter. Kendte danske eksempler er bryggerierne Carlsberg og Albani, og samme tendens prægede S.B. Lundbergs Maltfabrik i Ebeltoft. Et andet kendetegn for størstedelen af de danske maltfabrikker og bryggerier er, at deres bygningsmasse bærer præg af at være opført i flere etaper. Ofte består de af en oprindelig bygning, som med tiden er blevet udvidet, renoveret og forsynet med tilbygninger efter behov. De er vokset ved knopskydning – et karakteristika, der i særdeleshed også gælder S.B. Lundbergs Maltfabrik.

From a distance, today's Maltfabrikken resembles a medieval castle, or perhaps someone's idea of a medieval castle, sitting atop a ridge overlooking Ebeltoft Bay. The building is one of many examples of 'the extroverted, strident industrial architecture that characterised many of the Danish breweries built from the mid-1800s onwards'.[1] With this conspicuous style, the malt house owners manifested their financial clout in the very design of the factory facilities, which also served as local showcases for their trade marks and products. The best-known Danish examples are the Carlsberg and Albani brewery complexes, and S.B. Lundberg's Malt House in Ebeltoft embodied this same trend. Another distinguishing feature of most Danish malt house and breweries complexes is that their building stock marked by having been constructed in several stages. Often, they centre around an original building that was enlarged, refurbished and supplied with additions and extensions as required over time. They grew through 'budding' or add-on architecture – a characteristic that is particularly true of S.B. Lundberg's malt house.

S.B. Lundberg i gården med hunden Basse, ca. 1895
S.B. Lundberg in the yard with his dog Basse, ca. 1895

Fabriksanlægget set fra øst med begge maltkøller, 1920
The factory plant seen from the east with both malt kilns, 1920

Grundlæggeren

I 1860'erne var købstaden Ebeltoft overskuelig, med Adelgade som byens eneste vej fra Nørreport til Torvet, hvorfra Overgade strakte sig til kirken, og Nedergade ledte til Sønderport i syd. Langs Adelgade lå købmandsgårdene på stribe, mange af dem er velbevarede den dag i dag. I en af dem begyndte historien om S.B. Lundbergs Maltfabrik.

Maltfabrikkens grundlægger, Søren Buchtrup Lundberg, blev født i Ebeltoft i 1831 som søn af skomagermester Christian Lundberg og hustru, Kristine Olesen. I 1835 flyttede han med forældrene til Aarhus, hvor han voksede op i små kår, og som 14-årig vendte han tilbage til Ebeltoft, da han havde fået en læreplads hos vicekonsul P.J. Ørting, der drev den store købmandsgård i Adelgade 39-41. På stedet, som skulle blive en af byens vigtigste arbejdspladser og denne bogs omdrejningspunkt, blev der dengang drevet en alsidig købmandsforretning med såvel detailhandel og korn- og tømmerhandel som bryggeri og brændevinsbrænderi.

I sine fem år som købmandslærling viste den unge S.B. Lundberg gode evner for faget, og efter endt læretid blev han i købmandsgården og arbejdede sig op til en fremtrædende stilling i forretningen. I 1857 fik han, i en alder af 26 år, selv borgerskab som købmand i byen. Samme år lejede han butikken, hvor han havde stået i lære, samt underetagen af bygningen ud mod Adelgade, for 1.000 rigsdaler om året. Få år senere flygtede P.J. Ørting til Florida efter at være gået fallit med sin store forretning, og i 1861 købte den driftige unge Lundberg købmandsgården. I de følgende 40 år, frem til sin død i 1901, udviklede S.B. Lundberg stedet til en reel industrivirksomhed med et udbygget produktionsanlæg, hvor det primære produkt var malt. Der blev stadig brygget øl på Maltfabrikkens bryggeri, og der blev fremstillet brændevin, men aktiviteten i maltkøllerne var møntet på kvalitetsmalt til landets bryggerier.

The Founder

In the 1860s, the market town of Ebeltoft was clearly laid out, with Adelgade as the town's only street from the north gate, Nørreport, to the main square, Torvet, from where Overgade led to the church and Nedergade to the south gate, Sønderport. A row of merchant estates lined Adelgade, many of which are well-preserved to this very day. In one of them begins the tale of S.B. Lundberg's malt house.

The founder of the malt house, Søren Buchtrup Lundberg, was born in Ebeltoft in 1831, as the son of master shoemaker Christian Lundberg and his wife Kristine Olesen. In 1835, Søren moved to Aarhus with his parents, where he grew up in straitened circumstances before returning to Ebeltoft at the age of 14, after getting an apprenticeship with vice-consul P.J. Ørting, who ran the large merchant's estate at Adelgade 39-41. This place was destined to become one of Ebeltoft's most important workplaces and is the focal point of this book. At the time, however, it housed a versatile merchant's business with retail sales, grain and lumber trading, a brewery and a distillery.

During his five years as a merchant's apprentice, young S.B. Lundberg demonstrated fine skills for the trade and, after completing his apprenticeship, he remained in the merchant's business and worked his way up to a prominent position. In 1857, at the age of 26, he acquired a municipal licence to trade as a merchant in the town. The same year, he rented the shop in which had been an apprentice, as well as the lower floor of the building facing Adelgade, for 1,000 rixdollars a year. A few years later, P.J. Ørting fled to Florida after his big business went bankrupt, and the enterprising young Lundberg bought the merchant's estate in 1861. In the ensuing forty years until his death in 1901, S.B. Lundberg developed the site into a fully-fledged industrial enterprise with an enlarged manufacturing facility primarily producing malt. Although beer was still being brewed and spirits distilled at Maltfabrikken, the malting kilns' primary operations were aimed at supplying quality malt to Danish breweries.

Lille pige med ænder i maltgården, ca. 1910
Little girl with ducks in the malt yard, ca. 1910

Hestekøretøj med malt, 1929
Horse-drawn vehicle with malt, 1929

Fra købmand til maltgører

En dygtig iværksætter forstår at opdage spirende tendenser og handle på dem. Sådan er det i dag, og sådan var det på S.B. Lundbergs tid. Som lærling og nyuddannet købmand havde han iagttaget, hvordan byens og landbrugets husmødre i stigende grad begyndte at købe øl til deres husholdninger i stedet for at brygge selv. Øl havde i mange hundrede år været dagligdrikken i Danmark, og hvidtøl var den foretrukne tørstslukker. Fremstilling af det stærkere bayerske øl, som danskerne i stigende grad begyndte at drikke i anden halvdel af 1800-tallet, krævede langt mere komplicerede bryggemetoder end det hjemmebryggede hvidtøl. I midten af 1800-tallet blev hovedparten af de danske bryggerier opført, og på samme tidspunkt begyndte de første selvstændige bryggere at slå sig ned i de østjyske købstæder. Med et stigende antal bryggere steg også efterspørgslen på færdigproduceret malt. Det var denne udvikling, S.B. Lundberg med sin maltproduktion blev en del af.

Produktion og salg af malt var ikke et fremmed fænomen i de danske købmandsgårde, og slet ikke på Djursland, hvor dyrkningen af maltbyg havde gode vilkår. S.B. Lundbergs nye tiltag bestod i at udvide købmandsgårdens håndværksproduktion til fabriksproduktion på et tidspunkt, hvor øl i stigende grad blev industrielt produceret, og hvor hovedparten af industribryggerierne havde egen maltfabrik.

Det første fabriksanlæg

I løbet af 1890'erne foretog S.B. Lundberg og hans sønner flere ændringer af bygningsmassen bag købmandsgården i Adelgade. I 1892 lod de et nyt kornmagasin opføre i forbindelse med en stald, og i 1895 fik de bryggeriet renoveret og udbygget. Et nyt støberum og en maltkølle, opført i 1895, fik afgørende betydning for Maltfabrikkens udvikling. Støberummet blev bygget

From merchant to maltster

A skilled entrepreneur has a knack for identifying up-and-coming trends and acting on them. This is true today just as it was in S.B. Lundberg's time. As an apprentice and newly-qualified merchant, he had observed how housewives in Ebeltoft and the countryside were increasingly buying beer for their households, rather than brewing it themselves. For centuries, beer was a common everyday beverage in Denmark, and hvidtøl (low-alcohol beer) was the preferred thirst-quencher. The production of the stronger Bavarian beer, which was winning increasing popularity in Denmark in the second half of the 19th century, required far more complicated brewing methods than home-brewed hvidtøl. Most Danish breweries were built in the mid-1800s, and the first independent brewers started to settle down in east Jutland market towns during the same period. This rising number of brewers intensified the demand for ready-to-use malt. It was this trend that S.B. Lundberg's malt production homed in on.

Malt production and sales were not an unknown phenomenon in Denmark's merchant's businesses, particularly in Djursland, where the conditions for growing malting barley were good. S.B. Lundberg's new initiative was to enlarge the merchant business's artisanal production to factory production at a time when beer production was becoming increasingly industrialised and most industrial breweries had their own malt house.

The first production plant

During the 1890s, S.B. Lundberg and his sons carried out multiple modifications of the building complex behind the merchant's estate in Adelgade. In 1892, they had a new grain silo constructed next to a stable, and in 1895 they renovated and enlarged the brewery. A new steeping room and malting kiln, built in 1895, were crucial

Barnebarn af S.B. Lundberg foran Maltfabrikken, 1900
Grandson of S.B. Lundberg in front of Maltfabrikken, 1900

umiddelbart op ad pakhuset, hvor maltproduktionen fandt sted. Til pakhuset blev opført en godt 16 meter høj dampskorsten.

Den ny maltkølle var i grundplan knap seks meter på hver led og omkring tretten meter høj. Den var bygget i mursten, havde takkede gavle i øst og vest og en rund skorsten øverst. Køllen var, ligesom støberummet, bygget sammen med pakhuset. På første etage i køllen var fyrkammeret med maltkøllens ovn. Anden etage, luftkammeret, havde murstensgulv med en varmekanal af ildfaste sten. På tredje etage løb mere end 300 meter jernrør, som fordelte varmen fra ovnen, og over rørene i fjerde etages højde lå et ristedæk. Gulvet på femte etage var endnu et ristedæk, så der var to etager til tørring af malten. Loftet på femte etage var en krydshvælving med korsankre, og øverst var en jernventil, som endte i den runde skorsten, som også skorstenen fra ovnen mundede ud i.[2]

Først med maltkøllen og det nye støberum i 1895 stod der et regulært maltningsanlæg på grunden, og maltproduktionen blev så småt mekaniseret. Vandpumperne var nu formodentlig forbundet med en dampmaskine, mens malten stadig skulle bæres ud på spiregulvene og kastes med håndkraft. Det foregik også ved håndkraft, når malten skulle vendes under tørringen i køllen. Maltgøring var med andre ord stadig i høj grad et manuelt arbejde, og på dette tidspunkt i Maltfabrikkens historie har arbejdskarlene i produktionen formodentlig haft arbejdsdage, der mindede om arbejdsdagene på lignende virksomheder: De er mødt ind klokken 5 om morgenen og har arbejdet til klokken 20, afbrudt af to timers middagspause og sandsynligvis en halv times pause forog eftermiddag.[3]

I 1901 døde S.B. Lundberg i en alder af knap 70 år. Lundberg, som blev husket for selv at gå forrest i det tunge, fysiske arbejde, uden andre hjælpemidler end skovl og trillebør, var et kendt ansigt i Ebeltofts bybillede. Ud over at han med tiden blev en af byens markante handlende og fabrikanter, varetog han en række forskellige tillidshverv i byens administration. I en årrække sad

to the development of the malt house. The steeping room was built adjacent to the warehouse where the malting process took place. A 16-metre-tall steam funnel was built for the warehouse.

The new malting kiln's floor area measured 6 by 6 metres, and the kiln was about 13 metres high. It was built of brick and had crenelated gables to the east and west and was topped by a round chimney. The malting kiln, like the steeping room, was structurally connected to the warehouse. The firing chamber with the malting kiln's oven was located on the first storey. An air chamber with brick flooring and a fireproof-brick heating duct was on the second storey. More than 300 metres of iron pipe to distribute heat from the oven were on the third storey. The fourth and fifth storeys had grating decks and were used for drying the malt. The ceiling of the fifth storey was cross-vaulted with cross-shaped anchor plates, and at the top was an iron vent-hole leading to the round chimney to which the exhaust pipe from the oven was also connected.[2]

With the construction of a malting kiln and new steeping room in 1895, a fully-fledged malt house was now standing on the grounds, and the mechanisation of the malting process had begun. The water pumps were by now probably connected to a steam engine, but the malt still had to be carried out to the germination floors and spread out by hand. Turning the malt while it was drying in the kiln was also done by hand. In other words, the malting process still entailed a high degree of manual labour. At this point in Maltfabrikken's history, the workdays of malting workers presumably resembled those at similar undertakings. They reported to the malt house at 5 am and worked until 8 pm, interrupted by a two-hour midday break and probably half-hour breaks in the morning and afternoon.[3]

S.B. Lundberg died in 1901 at the age of 69. Lundberg was a familiar face on the streets of Ebeltoft and was remembered for leading the way in the onerous, physically demanding work, with the only tools being a shovel and a wheelbarrow. Besides eventually becoming one of the town's prominent merchants and manufacturers, Lundberg held a number of different honorary offices

A/S Lundbergs Maltfabrik & Kulimport pryder facaden, ca. 1915
A/S Lundbergs Maltfabrik & Kulimport adorns the facade, ca. 1915

han i byrådet og stod i spidsen for udvalget, der bestyrede kommunes fattigvæsen. Eftertiden har beskrevet ham som en meget bestemt og usentimental formand, der mente, at den sociale nød i Ebeltoft stort set kunne afhjælpes ved at lukke størstedelen af byens beværtninger.[4] Det var heller ikke ualmindeligt, at han udøvede husbondens revselsesret over for sine ansatte. Frem til 1921 var det tilladt for en arbejdsgiver at straffe sine medarbejdere fysisk,[5] og efter en brand i pakhuset i 1861 risikerede tjenestekarlene kontant afregning i form af en ørefigen, hvis de blev taget i at ryge i nærheden af fabrikkens bygninger.

Anden generation: Ekspansion og strejke

Før sin død havde S.B. Lundberg besluttet at overlade virksomheden til sine sønner, Niels og Frederik, i fællesskab. Frederik skulle stå for den praktiske drift af maltfremstillingen, mens Niels stod for købmandshandlen. I 1903 blev købmandshandlen solgt fra, og Niels Lundberg påtog sig administrationen af Maltfabrikken. Allerede før S.B. Lundbergs død var der påbegyndt eksport af malt fra Ebeltoft til udlandet, og man havde salgsaftaler med bryggerier uden for oplandets grænser. Anlæggelsen af jernbanen i 1901 øgede afsætningsmulighederne fra fabrikken og dermed formodentlig også salget, på trods af at konkurrencen mellem malterierne i Danmark var blevet skærpet i tiden omkring århundredeskiftet.

De følgende årtier bød på både op- og nedture. I 1909 var fabrikken under konkursbehandling efter fejlslagne investeringer, men det lykkedes at holde produktionen i gang, mens boet blev gjort op, og i 1910 etableredes A/S Lundbergs Maltfabrik og Kulimport,

in the town's administration. He served on the town council for several years, chairing the committee that managed the town's poor relief services. Posterity has described him as a no-nonsense, unsentimental chairman who believed that social misery in Ebeltoft could largely be remedied by closing most of the town's public houses.[4] Nor was it uncommon for him, as the 'master' of his business, to administer corporal punishment to his employees. Up to 1921, an employer was permitted to physically punish his employees[5] and, after a warehouse fire in 1861, labourers risked being punished with a clip on the ear if they were caught smoking near the malt house buildings.

Second generation: expansion and a strike

Before his death, S.B. Lundberg decided to hand over the company to his sons, Niels and Frederik, in joint ownership. Frederik was to be in charge of day-to-day operations of the malting process, while Niels was in charge of the merchant business. The merchant business was divested in 1903, after which Niels took over administration of the malt house. Even before S.B. Lundberg's death, the undertaking was beginning to export malt abroad from Ebeltoft and had also entered into sales agreements with breweries beyond its area of trading. The construction of a railway line in 1901 widened the market potential and presumably increased sales as well, despite toughening competition among Danish malt houses at the turn of the century.

Subsequent decades saw both upswings and downturns. In 1909, the malt house was in receivership after unsuccessful investments, but managed to uphold malt production as the estate was being wound up, and

stadig med Niels Lundberg som administrerende kraft. I årene op til 1. verdenskrig gik det fremad for det nystiftede aktieselskab, som klarede sig godt trods krigstidens tiltagende reguleringer og begrænsninger i handelen med råvarer. Produktionsanlægget blev opgraderet med elevatorer og en transportsnegl til byggen, så endnu en del af det tungeste arbejde overgik til maskiner. Fremstilling af kaffeerstatning var, ifølge fabrikkens regnskaber, allerede i gang i 1911 og har efter al sandsynlighed været med til at redde økonomien i krigsårene, hvor der var skåret ned på produktionen af malt og øl.

Med et nyvundet økonomisk overskud kunne aktieselskabet købe de bygninger tilbage, som var blevet solgt fra efter konkursen i 1909, og i 1917 fulgte en markant udvidelse af både fabriksbygninger og produktionsanlæg – den største siden 1895. En ny 17 meter høj maltkølle blev opført ved siden af den eksisterende, og Maltfabrikken fik dermed den karakteristiske vestfacade, som står endnu. Med sin fremtrædende placering og sin ti meter høje skorsten var den nye maltkølle en markant tilbygning, men vigtigst var det, der var indeni: fire nye etager til malttørring, som udvidede produktionskapaciteten betydeligt, og et selvvenderanlæg, som mekaniserede endnu en del af arbejdsprocessen.

Samme år som den store maltkølle blev bygget, blev kimen lagt til det, der skulle føre til den første og eneste strejke i Maltfabrikkens historie. I kølvandet på 1. verdenskrigs udbrud var arbejderkampen begyndt at blusse op i Danmark, og også i Ebeltoft var der en stigende tendens til, at arbejdsmændene organiserede sig. Uoverensstemmelser mellem Købmændenes Arbejdsgiverforening og Arbejdsmændenes Fagforening, der opstod i forbindelse med forhandlinger om en ny overenskomst for arbejderne på Maltfabrikken, strakte sig over næsten halvandet år og kulminerede med arbejdsmændenes strejke fra den 27. februar til den 11. marts 1919. Ved forliget, der afsluttede strejken, fik arbejdsmændene deres ønskede 48 timers arbejdsuge, mens den vedtagne timeløn endte 2 øre under deres lønkrav på 1,10 kr.

Fra 1920'erne blev der investeret i stor skala på de største danske bryggerier og malterier, og A/S Lundbergs Maltfabrik og Kulimport var ingen undtagelse. Investeringerne i produktionsapparatet i 1917 viste sig godt givet ud, og frem mod december 1920 blev der igen investeret i fabriksanlægget. Der blev lagt elektricitet ind i hele fabrikken, og kapaciteten blev øget i støberummet, hvor der blev installeret endnu et støbekar af jern. Spiresalen blev yderligere mekaniseret med en elevator med fødesnegl samt en transportsnegl, der kunne transportere malten til køller og tørreovne.

Tredje generation: Et nyt selskab

Da Niels Lundberg døde i 1921, var fabrikken, som hans far havde grundlagt i købmandsgårdens pakhus, Danmarks næststørste maltfabrik.[6] Inden sin død i 1921 havde Niels Lundberg involveret begge sine sønner, S.B. og Carl Lundberg, i driften af Maltfabrikken, men efter hans død stod ingen af de to sønner umiddelbart parat til at overtage direktørstolen i selskabet. På dette tidspunkt havde Maltfabrikkens økonomi igen ramt et lavpunkt, og det blev nødvendigt at optage et statslån for at kunne fortsætte virksomheden. Det viste sig dog snart, at det ikke

Ny maltkølle på 17 meter bygges, 1917
New 17-metre malting kiln is built, 1917

in 1910, Lundbergs Maltfabrik & Kulimport A/S was formed, with Niels Lundberg still heading the administration. In the years leading up to World War I, the newly-formed company moved forward, and it did well despite increasing regulations and restrictions in the raw-materials trade during the war. The production plant was upgraded with a lift and screw conveyor for barley, mechanising yet another of the most onerous tasks. According to the malt house accounts, it was already producing ersatz coffee in 1911, which in all probability kept the company afloat financially during the war years when malt and beer production was cut back.

With new-found financial surpluses, the company could repurchase the buildings that had been divested after the 1909 bankruptcy, followed by a notable expansion of both factory buildings and production facilities in 1917 – the biggest since 1895. A new 17-metre-tall malting kiln was built next to the existing one, giving Maltfabrikken its characteristic west facade that still exists today. With its prominent location and 10-metre-high chimney, the new malting kiln was a spectacular addition, but the most important thing was what it contained: four new storeys for malt drying, substantially enlarging the production capacity and an automatic turning system, further mechanising the workflow.

In the same year that the large malting kiln was built, the seeds were sown for what would become the first and only strike in Maltfabrikken's history. Following the outbreak of World War I, labour struggles were starting to flare up in Denmark, and Ebeltoft also saw a rising tendency for workers to unionise. The disagreements between Købmændenes Arbejdsgiverforening (merchant employers' association) and Arbejdsmændenes Fagforening (labourers' trade union) that arose during negotiations for a new collective agreement for malt house employees lasted almost 18 months, culminating in a strike from 27 February to 11 March 1919. The settlement that ended the strike gave the labourers the right to a 48-hour work week, whereas the agreed hourly wage was DKK 0.02 less than the DKK 1.10 they had demanded.

From the 1920s, large-scale investments were made in Denmark's biggest breweries and malt houses, and A/S Lundbergs Maltfabrik & Kulimport was no exception. The investments in the production plant in 1917 turned out to be money well spent, and additional investments were made up to December 1920. The entire malting facility was electrified and the capacity of the steeping room was increased by installing yet another steeping cistern made of iron. The germination hall was further mechanised with a lift and screw conveyor to convey malt to kilns and drying ovens.

Third generation: new company

When Niels Lundberg died in 1921, the malt house that his father had founded in the warehouse of the merchant's estate had become the second-largest malt house in Denmark.[6] Before his death in 1921, Niels Lundberg had involved both of his sons, Søren Carl Frederik Christian Buchtrup and Carl Lundberg, in malt house operations, but after his death, neither son was directly prepared to take over the company management. At the same time, the malt house was again in dire

Fabriksanlægget udvides, og nyt støbekar hejses på plads, 1930
The malt house is enlarged and a new steeping cistern is hoisted into place, 1930

Murere på stilladset bygger ny maltkølle, 1917
Masons on the scaffolding are building a new malt kiln, 1917

Maltfabrikken set fra nord en vinterdag med stationsbygningen i baggrunden, ca. 1940
Maltfabrikken seen from the north on a winter's day with the railway station in the background, c. 1940

umiddelbart var muligt at føre selskabet videre, og i løbet af det næste år blev det opløst og slettet af aktieselskabsregistret, og Aarhus Privatbank overtog ejendommen.

Maltproduktionen i Ebeltoft kunne dermed have været et overstået kapitel i 1922, men der gik ikke lang tid, før Maltfabrikken blev vækket til live igen. Niels Lundbergs søn, S.B. Lundberg, som på dette tidspunkt boede med sin familie i København, vendte tilbage for at genopbygge virksomheden, og under hans ledelse blev maltproduktionen genoptaget i 1924 med broderen Carl Lundberg som driftsleder. Som sin far og farfar fik S.B. Lundberg en fremtrædende position i Ebeltoft. Han kom til at varetage flere tillidserhverv i byen og sad blandt andet i byrådet fra 1937-43.

For Maltfabrikkens ansatte betød generationsskiftet i direktørstolen, at forhandlinger om løn og arbejdsforhold gled lettere end i Niels Lundbergs tid. Hvor forgængerens hårde forhandlingsstil havde medvirket til at optrappe konflikten til strejke i 1919, formåede S.B. Lundberg at lave aftaler i mindelighed, selvom han ikke gav efter for kravene fra det nationale fagforbund. Til gengæld tyder det på, at han og den øvrige ledelse formåede at give virksomhedens ansatte så gode arbejdsvilkår, at forholdet til arbejdspladsen var præget af loyalitet. Udskiftningen blandt de ansatte var lille, selvom arbejdet på fabrikken var hårdt.

financial straits and had to take out a government loan to stay afloat. It soon turned out, however, that it was not directly possible to continue the company's operations, and over the next few years it was wound up and removed from the list of public limited companies, with Aarhus Privatbank taking over the property.

This could have been the death knoll of malting operations in Ebeltoft in 1922, but it did not take long before Maltfabrikken had been revived and was back on its feet. Niels Lundberg's son, S.B. Lundberg, who was living in Copenhagen with his family at the time, returned to reconstruct the company, and it was under his leadership that malting operations resumed in 1924, with his brother Carl Lundberg as plant manager. Like his father and grandfather before him, S.B. Lundberg became a prominent citizen of Ebeltoft. He would eventually hold several honorary positions in the town, such as serving on the town council from 1937 to 1943.

For Maltfabrikken's employees, the generational change in directorship would mean smoother negotiations about wages and working conditions than under Niels Lundberg. Whereas his predecessor's tough negotiating style had been instrumental in escalating the conflict into a strike in 1919, S.B. Lundberg managed to enter into amicable agreements, without giving in to the demands of the national trade union. In return, he and the rest of the management seem to have succeeded in giving company employees such good working conditions that their relationship with the workplace was marked by loyalty. Employee turnover was low, despite the hard manual labour at the malt house.

Flaget er hejst på toppen af store kølle, ca. 1930
The flag is raised on top of the large kiln, ca. 1930

Investeringer og udvidelser

S.B. Lundberg stod i spidsen for Maltfabrikken i mere end 40 år. I 1927 stiftede han aktieselskabet S.B. Lundbergs Maltfabrik A/S og fik dermed tilført ny kapital til fabrikken. Sidst i 20'erne udvidede han forretningen med korn og foderstoffer, og under 2. verdenskrig genoptog han produktionen af kaffeerstatning – en produktionstilpasning, der ligesom andre steder i landet var med til at redde virksomheden gennem krigsårenes pressede økonomi.

Efter krigen steg efterspørgslen på øl i Danmark, og produktionen steg i takt med efterspørgslen. Den øgede produktion af øl øgede efterspørgslen på malt, og S.B. Lundbergs Maltfabrik måtte udvide sin lagerkapacitet. I 1946-47 opførte man derfor et nyt maltlager i to etager. Til forskel fra de tidligere udvidelser, der alle var tilbygninger til pakhuset, blev maltlageret opført som en fritstående bygning.

De danske bryggeriers gode afsætningsforhold smittede af på Maltfabrikken, der kunne investere og udvide sin kapacitet yderligere i begyndelsen af 1950'erne, hvor der blev opført en fireetagesbygning i forlængelse af den oprindelige produktionsbygning. Tilbygningen blev tegnet af direktørens søn Svend Lundberg, der var arkitekt. Den øverste af tilbygningens fire etager tjente som lager og rummede også et støbekar, mens de øvrige tre etager var spirelofter. Maltningsprocessen var endnu på dette tidspunkt stort set manuel. Der var enkelte redskaber, som kunne afhjælpe tunge løft, men i det store hele var der stadig tale om en arbejdsplads, hvor produktionen primært foregik ved muskelkraft.

I 1957 blev de uopdelte maltgulve erstattet af moderne spirekasser med elektriske vendere, og mekaniseringen af produktionen tog dermed sin begyndelse[7] – dog

Investments and expansion

S.B. Lundberg led the malt house for more than forty years. In 1927, he formed the public limited company S.B. Lundbergs Maltfabrik A/S, infusing new capital into the malt house. In the late 1920s, he widened the business to include grain and feedstuffs, and during World War II, he resumed the production of ersatz coffee – a production adaptation which, as elsewhere in Denmark, helped keep the company afloat during the dire financial circumstances of the war years.

The post-war years saw a rising demand for beer in Denmark, and production rose to meet the demand. The rising production of beer increased the demand for malt, and S.B. Lundbergs Maltfabrik had to enlarge its storage capacity. Accordingly, a new two-storey malt warehouse was built in 1946–1947. Unlike previous enlargements, all of which were additions to the warehouse, the new malt storehouse was built as a detached structure.

Favourable market conditions for Denmark's breweries trickled down to the malt house, enabling it to invest and further enlarge its capacity in the early 1950s, when a four-storey building was built as an extension to the original production building. The extension was designed by the director's son, Svend Lundberg, who was an architect. The top storey of the four-storey building served as a storage room and contained a steeping cistern, while the other three storeys were malting floors. The malting process was still largely a manual process at this time. There were a few tools to assist the heavy and long lifting processes, but, by and large, the malt house was still a workplace where the production process required extensive use of muscular strength.

In 1957, the open, undivided malting floors were replaced by germination vessels with electric turner

Maltgården med administrationsbygningen til venstre, 1955
The Malt yard with the administration building on the left, 1955

ikke mere, end at et jubilæumsskrift i anledning af 100-året for Maltfabrikkens grundlæggelse priste malten fra S.B. Lundbergs Maltfabrik som den gode håndværksproducerede malt, i modsætning til den industriproducerede malt fra andre maltfabrikker.[8]

S.B. Lundbergs Maltfabrik solgte ikke alene malt til bryggerier i Danmark, hvor blandt andet de mindre hvidtølsbryggerier var en vigtig aftager,[9] hvert andet eller tredje år blev der endvidere eksporteret malt til et bryggeri i Rio de Janeiro, Brasilien,[10] og foruden Brasilien blev der eksporteret malt til Færøerne. Det danske marked forblev dog den vigtigste aftager af malt fra S.B. Lundbergs Maltfabrik, som klarede sig godt, da mange mindre malterier i Danmark op gennem 60'erne bukkede under for den stigende konkurrence.

Under S.B. Lundberg begyndte den omfattende investering i fabriksanlægget, der skulle sikre, at fabrikken kunne følge med konkurrencen på maltmarkedet. Udvidelsen og mekaniseringen af fabriksanlægget begyndte allerede i 1960 med opførelsen af seks siloer. Den første silo stod klar i slutningen af november 1960. Siloen, der var 28 meter høj, havde en kapacitet på 1.400 tons korn. Siloens ydervægge blev rejst på 13 døgn, og vinteren blev brugt på at gøre siloens indvendige forhold klar til brug.[11] Herefter fulgte yderligere fem siloer. Kapaciteten i de seks siloer var på i alt ca. 15.000 tønder korn, og opførelsen af siloerne var en stor satsning. Konkurrencen på markedet var hård, og de økonomiske konsekvenser af alle udvidelser måtte derfor overvejes nøje, inden de blev sat i værk.[12]

Siloerne viste hurtigt deres værd. Med dem blev det muligt at rationalisere indkøbene af byg i langt højere grad end tidligere. Med de bedre muligheder for opbevaring, var det nemlig ikke længere tvingende nødvendigt at købe byggen i højsæsonen, og man kunne dermed handle på mere fordelagtige vilkår og til bedre priser. Omfanget af de seks siloer viste sig dog i løbet af få år at være utilstrækkelig, og allerede i 1964 tog man første spadestik til opførelsen af yderligere seks siloer, som bragte den samlede kapacitet op på 30.000 tønder korn.

equipment, launching the mechanisation of the production process.[7] But the mechanisation was so modest that a jubilee publication marking the centenary of Maltfabrikken's founding praised the malt produced by Lundbergs Maltfabrik for its artisanal quality, contrasting it with industrially produced malt from other malt houses.[8]

Not only did Lundbergs Maltfabrik sell malt to breweries in Denmark, including the small breweries producing low-alcohol hvidtøl beer.[9] It exported malt to a brewery in Rio de Janeiro, Brazil every two or three years,[10] and it also exported malt to the Faroe Islands. The Danish market was still the most important sales channel for Lundbergs Maltfabrik, which was doing well, as many small malt houses in Denmark were overcome by the intensifying competition and closed during the 1960s.

S.B. Lundberg initiated comprehensive investments in plant facilities to ensure that the malt house could keep pace with the competitive situation in malt markets. The expansion and mechanisation of the plant began already in 1960 with the construction of six storage silos. The first silo was ready for use by late November 1960. It was 28 metres tall and could hold 140 tonnes of grain. Its outer walls were constructed in 13 days, and the winter was spent getting the silo's interior structures and fixtures ready for use.[11] This was followed by five more silos. The total capacity of the six silos was 1,500 tonnes of grain, and the construction of the silos was a big gamble. The cut-throat market competition meant that the financial consequences of all enlargements had to be carefully considered before implementation.[12]

The silos quickly proved their worth. Their construction made it possible to streamline purchases of barley to a far greater extent than before. The improved storage potential eliminated the necessity of having to buy barley during peak season, and made it possible to buy on more favourable terms and at better prices. The capacity of the six silos turned out to be insufficient within a few years, however, and already in 1964 the first turf was cut for the construction of six more silos, bringing the total capacity to 3,000 tonnes of grain.

Direktør S.B. Lundberg junior siddende i midten med driftsleder Carl Frederik Lundberg til højre og maltarbejdere, 1937
Director S.B. Lundberg, Jr., seated in the middle with operations manager Carl Frederik Lundberg (left) and malt workers, 1937

Der skabes fri passage, til at nye støbekar kan installeres, 1961
The way is cleared for the installation of new steeping cisterns, 1961

Maltfabrikkens siloanlæg med 12 siloer, 1974
Maltfabrikken's completed silo plant with 12 silos, 1974

Fire støbekar ankommer til Maltfabrikken, 1961
Four steeping cisterns have arrived at Maltfabrikken, 1961

Det tog 13 dage at støbe de første seks siloer, 1964
It took 13 days to cast the first six silos, 1964

Malt udskibes til oversøiske destinationer, ca. 1980
Malt being loaded for shipment to overseas destinations, ca. 1980

Maltfabrikkens skorsten får monteret ny trækstabilisator (populært kaldet en vindhætte), 1986
The malt house chimney is fitted with a new draught stabiliser (popularly called a chimney cap), 1986

Fjerde generation: Ind i fremtiden

I 1966 trak S.B. Lundberg sig fra posten som leder af Maltfabrikken og overlod ledelsen til sin søn, Niels Lundberg, der siden 1962 havde arbejdet på fabrikken. Niels Lundberg, der foruden at være civilingeniør var den første leder af Maltfabrikken, som var uddannet i bryggeribranchen, blev i høj grad entreprenøren bag den mekanisering af fabrikken, der fandt sted i slutningen af 1960'erne. Fabriksanlægget blev renoveret, moderniseret og automatiseret, i så vid udstrækning som det var muligt inden for de givne rammer. Det betød, at arbejdet på Maltfabrikken kom til at handle mere om teknisk kunnen end om fysisk styrke. Det var også med Niels Lundberg i spidsen, at ledelsen på fabrikken tog beslutningen om at satse på maltproduktion alene. Korn- og foderstofforretningen blev solgt fra, og i den forbindelse ophørte brugen af den lokale byg til maltproduktionen. Det var første gang i fabrikkens historie, at der ikke blev købt byg fra de lokale landmænd.

Mekaniseringen og salget af korn- og foderstofforretningen betød en forøgelse af maltproduktionen, da maltfremstillingen ikke længere lå stille i høstmånederne. Ved indvielsen af det nye anlæg i 1970 udtalte direktør Niels Lundberg, at de kommende tre års produktion allerede var afsat til Maltfabrikkens faste kunder, en halv snes af Danmarks største bryggerier. I disse år leverede S.B. Lundbergs Maltfabrik malt til en række af Danmarks største bryggerier. Blandt andre Carlsberg, De Forenede Bryggerier og Faxe Bryggeri var aftagere af malten fra Ebeltoft, hvor kapaciteten i det nye anlæg var stor nok til at producere malt til 600.000 pilsnere om dagen.

Fourth generation: into the future

In 1966, S.B. Lundberg stepped down as managing director of Maltfabrikken, entrusting the management to his son, Niels Lundberg, who had worked at the plant since 1962. Niels was a civil engineer and the first manager of the malt house to be trained in the construction industry. He was also the principal entrepreneur behind the malt house mechanisation in the late 1960s. The plant facilities were refurbished, modernised and automated wherever possible within the given framework. This meant that malt house operations became more reliant on technical capability than physical strength. It was also under Niels Lundberg's leadership that the plant management decided to focus solely on malt production. The grain and feedstuffs business was divested, which stopped the use of local barley in malt production at the same time. This was the first time in Maltfabrikken's history that barley would no longer be purchased from local farmers.

The mechanisation and the divestment of the grain and feedstuffs business led to an increase in malt production, as the malting process no longer came to a standstill at harvest time. At the official opening of the new facility in 1970, director Niels Lundberg stated that the ensuing three years of production had already been sold to the malt house's regular customers – a dozen or so of the biggest breweries in Denmark. At this time, A/S Lundbergs Maltfabrik supplied malt to a number of the biggest breweries in Denmark. Customers for Ebeltoft malt included Carlsberg, De forenede Bryggerier (aka Tuborg) and FAXE, as the capacity of the new plant was sufficient to produce malt for 600,000 lagers a day.

Eventyret slutter

Niels Lundbergs pludselige død i 1981 satte S.B. Lundbergs Maltfabrik i en kritisk situation, da der ikke umiddelbart var en oplagt kandidat til at overtage ledelsen. Niels Lundbergs bror, Jørgen Lundberg, forsøgte sig et par år som maltfabrikant, inden han i 1983 gav op og ville lukke fabrikken. Virksomheden blev herefter overtaget af Maltfabrikkens mangeårige revisor, Bendt Fredberg, som dog fik konjunkturerne og branchens udvikling imod sig.

I tiden efter 1980 blev den danske maltproduktion i stigende grad samlet på få, men store enheder. Bryghusene udbyggede deres egne maltfabrikker, og konkurrencen blev stadigt hårdere. Frem til midten af 1990'erne lykkedes det dog hvert år Maltfabrikken at afsætte produktionen på forhånd, men i 1996 tog De Forenede Bryggerier deres nybyggede malteri i brug og var nu på det nærmeste selvforsynende. Dette blev, sammen med stigende vandafgifter, det endelige dødsstød for Ebeltofts ældste industrivirksomhed. I 1998 slukkedes tørreovnene i Maltfabrikkens produktionsanlæg for sidste gang, og 140 års industrieventyr var forbi.

End of the venture

The sudden death of Niels Lundberg in 1981 put A/S Lundbergs Maltfabrik in a critical situation, as there was no obvious candidate to take over the management. Niels Lundberg's brother, Jørgen, took a turn as the head maltster for a couple of years before abandoning the attempt in 1983 and wanting to close the plant. After this, the company was taken over by Maltfabrikken's long-standing accountant, Bendt Fredberg, who had business and sector trends against him, however.

In the years after 1980, Denmark's malt production was increasingly concentrated at a few large entities. The breweries enlarged their own malt houses, further intensifying the competitive situation. Up to the mid-1990s, Maltfabrikken still managed to sell its production in advance, but in 1996, Carlsberg A/S (incorporating the former De forenede Bryggerier) put its newly-built malt house into service, making the company almost self-sufficient. This, along with rising water taxes, was the final and fatal blow for Ebeltoft's oldest industrial enterprise. The drying kilns in Maltfabrikken's production plant closed down for the last time in 1998, marking the end of a 140-year industrial venture.

Maltfabrikken set fra øst med Ebeltoft Vig og Femmøller i baggrunden, 1962
Maltfabrikken seen from the east with Ebeltoft Vig and Femmøller in the background, 1962

Maltfabrikken set fra vest, ca. 1955

Maltfabrikken seen from the west, ca. 1955

Historien om S.B. Lundbergs Maltfabrik er fortalt med udgangspunkt i rapporten "S.B. Lundbergs Maltfabrik i Ebeltoft – En historisk undersøgelse og en dokumentation af en industrivirksomhed i Ebeltoft" af historiker og museumsinspektør Lea Glerup Møller, Museum Østjylland, 2011. Foruden de angivne kilder er rapporten af Lea Glerup Møller baseret på en række interviews med personer, som har haft tilknytning til Maltfabrikken.

The history of S.B. Lundberg's malt house recounted here is based on the report "S.B. Lundbergs Maltfabrik i Ebeltoft – En historisk undersøgelse og en dokumentation af en industrivirksomhed i Ebeltoft" (S.B. Lundberg's Malt House in Ebeltoft – a historical study and documentation of an industrial enterprise in Ebeltoft) by Lea Glerup Møller, Historian and Museum Inspector, Museum Østjylland, 2011. In addition to the sources cited, Lea Glerup Møller's report is based on a series of interviews with individuals who have been associated with Maltfabrikken.

1 Harnow, Henrik (2011): Danmarks industrielle miljøer, Viborg, s. 37
2 Brandtaksation, Ebeltoft Byhistoriske Arkiv, arkivnummer A70
3 Boje, Per og Johansen, Hans Chr. (1989): Altid på vej ... Albani Bryggeriernes historie 1859-1984, Odense, s. 35
4 Albeck (1951), s. 427 f.
5 www.denstoredanske.dk, revselsesret
6 Nekrolog, Ebeltoft Byhistoriske Arkiv, arkivnummer A39
7 Ebeltoft Folketidende 27. september 1957
8 Jubilæumsfolder, Ebeltoft Byhistoriske Arkiv, arkivnummer A38
9 Ebeltoft Byhistoriske Arkiv, arkivnummer A38
10 Interview 3, MOE0054
11 Demokraten 1. december 1960
12 Interview 4, MOE 0054

1 Harnow, Henrik (2011): Danmarks industrielle miljøer (Industrial Environments in Denmark), Viborg, p. 37
2 Brandtaksation (fire valuation protocol), Ebeltoft Urban History Archive, archive no. A70
3 Boje, Per and Johansen, Hans Christian (1989): Altid på vej... Albani Bryggeriernes historie 1859-1984, (history of the Albani Breweries, 1859–1984), Odense, p. 35
4 Albeck, 1951, p. 427ff.
5 www.denstoredanske.dk, revselsesret (corporal punishment)
6 Obituary notice (in Danish), Ebeltoft Urban History Archive, archive no. A39
7 Ebeltoft Folketidende (local newspaper), 27 September 1957
8 Centenary pamphlet (in Danish), Ebeltoft Urban History Archive, archive no. A38
9 Ebeltoft Urban History Archive no. A38
10 Interview 3, MOE0054
11 Demokraten (nation-wide newspaper), 1 December 1960
12 Interview 4, MOE 0054

Direktør Niels Lundberg vejer malt i laboratoriet, 1968
Managing director Niels Lundberg weighing malt in the laboratory, 1968

Foto Photo Vibeke Wang

Leif Andersen

En dag kom Frans fra Det Grænseløse køkken forbi, og så var der en af maltpedellerne, der spurgte, om vi ikke skulle lave and til mortensaften. Jo, for helvede, det skulle vi da! Men hvor skulle vi lave det? Så var der en, der sagde, at han havde en grill derhjemme, og så var der en til, og så var der flere. Så stillede vi det hele op i gården, og Frans lavede salat. Og vi stegte, jeg ved ikke hvor mange ænder. Det tog hele dagen og det var pissekoldt. Jeg tror, vi var 80–100 stykker til mortensand den aften. Det var fuldstændig vildt, folk måtte sidde ude. Det var hyggeligt.

One day when Frans from Det Grænseløse Køkken (The Borderless Kitchen) came by, one of the Malt Caretakers asked whether we could cook the duck for the St Martin's Eve dinner event. Of course we could, for Pete's sake! But where could we cook it? Then somebody said that he had a barbecue grill at home, and then there was one more and then there were several. So we set up all the barbecue cookers in the courtyard, and Frans mixed the salads. And I can't tell you how many ducks we broiled. It took all day, and it was piercingly cold. I think that 80 to 100 showed up for the St Martin's Eve dinner. It was terrific, and some people had to sit outside it was so crowded. It was a very pleasant evening.

Foto Photo Lars Clement

Mike Hecchi

Første gang jeg spillede på Maltfabrikken, var med The Sexican. Vi var hjemme i Danmark på tour, og så blev vi spurgt, om vi ville spille på Maltfabrikken i sådan et interimistisk setup ude i gården, i en fabrik, der ikke var bygget endnu. Idéen var vanvittig nok, til at vi sagde ja – jeg var jo også nysgerrig. Og så kom vi derud og så fabrikken, som den stod dengang, og jeg tænkte: Hold nu kæft mand, held og lykke med dén! Men der var jo en stemning af, at 'det vil vi, og det gør vi', og der var et sammenhold og en vilje til at drømme stort. Ebeltoft er blevet min anden hjemmebane. Vi spiller der hvert år. Sidst vi spillede på Kulturloft, fik vi brandalarmen til at gå.

The first time I played at Maltfabrikken was with The Sexican. We had returned to Denmark for a tour, and we were asked to do a show at Maltfabrikken in a makeshift set-up outside in the courtyard of a half-built factory building. The idea was bonkers enough to get us to accept it – it aroused my curiosity. So when we arrived and saw how Maltfabrikken looked back then, I thought to myself, 'Oh my god – good luck with that!'. But there was this 'indomitable can-do' ethos over the place, with a pervasive team spirit and a willingness to dream big. Ebeltoft has become my second home turf. We play there every year. The last time we played at Kulturloft, we set off the fire alarm.

Foto Photo Vibeke Wang

ET DÆKKET BORD BETYDER DET SAMME I ALLE KULTURER

A LAID TABLE MEANS THE SAME IN ANY CULTURE

Interview af by
Anne Märcher

INTERVIEW
FRANS VAN DER WOUDE
JAKOB VINKLER
FRA SMAG OG DET GRÆNSELØSE KØKKEN
FROM SMAG AND THE BOUNDLESS KITCHEN

I 2016 og 2017 stod der i Maltgården en stor, drivhuslignende bygning på det sted, hvor Maltfabrikkens hovedindgang, Velkomsten, ligger nu. Drivhuset var en midlertidig konstruktion, som gjorde det muligt for Maltfabrikkens naboer fra Madhuset SMAG at lave større arrangementer, end der var plads til i deres egne lokaler i Skindergade. Aftener med fællesspisning blev et tilløbsstykke, der samlede flere og flere mennesker, og Det Grænseløse Køkken så dagens lys. Det liv, der opstod i drivhuset, fik en afgørende betydning for fællesskabet omkring Maltfabrikken, allerede inden byggeprojektet var gået i gang.

Foto Photo Vibeke Wang

In 2016 and 2017, a large greenhouse-like building was erected at Maltfabrikken on the site where Maltfabrikken's current main entrance – Velkomsten – is now located. The greenhouse was a temporary structure that made it possible for Maltfabrikken's neighbours from the SMAG culinary centre to hold events that were too big for the spatial confines of their own facilities in Skindergade. Communal dining events become very popular, attracting rising numbers of participants, and Det Grænseløse Køkken (The Borderless Kitchen) came into being. The activities arising in the greenhouse were crucial for the Maltfabrikken community, even before the construction project had begun.

Foto Photo Mads Binderup

BEGYNDELSEN
THE BEGINNING

Jakob Vinkler Maltfabrikken var en god nabo, og vi havde også lavet ting sammen før Det Grænseløse Køkken. Men vi udvidede samarbejdet, fordi Maltfabrikken var et projekt, som vi gerne ville være med til at sætte i gang. Tanken var, at hvis vi nu kunne placere det her gastronomiske laboratorium og få plantet noget ejerskab blandt alle, der bruger stedet, jamen så lad os begynde tre år før, det står færdigt, så virksomheden og ejerskabet kan blive bygget op samtidig med fabrikken.

I efteråret 2015 var vi begyndt at udvikle et format for de fællesspisninger, som Frans arbejdede med. Dengang foregik det ovre på SMAG, og der var begrænset med plads …

Frans van der Woude I begyndelsen havde vi fællesspisning på SMAG sådan cirka en gang om måneden. Nogle gange havde vi familieaften. Så kom folk med deres børn, og så var der Pippi Langstrømpe i kælderen. Andre gange var det bare fællesspisning. Nogle gange var det udenfor, også i november måned. Når vi var inde, sad folk fordelt på flere etager, fordi vi manglede plads. Men idéen var lige fra begyndelsen, at et dækket bord er en invitation til samtale og til at være sammen. Det har hele tiden været det centrale: Hvordan kan vi få folk til at være sammen? Vi kan ikke tvinge nogen til at synes, det er interessant. Vi kan kun sætte en ramme, hvor der måske kan opstå noget, og rammen var at være fælles om et måltid.

JV I 2015 lavede regionen og Aarhus Kommune nogle kulturturismeprojekter, hvor Maltfabrikken og SMAG skrev en ansøgning sammen. Den hed "Det internationale potentiale i det lokale", og havde en gastronomisk tilgang til samarbejde med kulturinstitutioner og turistattraktioner. Vi lavede en meget flot forretningsplan med bud, på hvordan vi kunne drive et samarbejde. Så var vi i gang, og op til Aarhus 2017 blev jeg operatør for vækstlaget inden for gastronomi. Et af de projekter, vi lavede i den sammenhæng, tog udgangspunkt i Maltfabrikken. Det var det projekt, der kom til at hedde Det Grænseløse Køkken.

Der var sådan en fandenivoldskhed i hele det projekt: Nu skal vi skabe noget nyt, nu gør vi det! Jeg kan huske, at Realdania gav et beløb til opførelsen af drivhuset. Og inden vi havde fået at vide, om vi havde fået pengene, var bygningen færdig. Så kom direktøren fra fonden til møde herude, og så stod der et færdigbygget projekt. Og i fondens retningslinjer hed det udtrykkeligt, at man ikke måtte begynde at bygge, før pengene var bevilget. Jeg kan faktisk ikke huske, hvordan vi bar os ad med at forklare det.

FW Den fandenivoldskhed var ret gennemgående. Også hos tømrerne fra Institut for X, som byggede drivhuset for os. Der var en stemning af jysk cowboy over det, da de bare kom og læssede træ af og gik i gang med at bygge midt i en ruin. Og så var der lige pludselig nærmest sådan et lille stykke Berlin, dér i baggården. En mærkværdig kombination med sådan en storbykvalitet midt i Ebeltoft. Det var en rigtig fin tid.

Jakob Vinkler Maltfabrikken was a good neighbour, and we had also collaborated in the past before Det Grænseløse Køkken. But we widened the cooperation because we wanted to help launch the Maltfabrikken project. We thought that, if we could place our gastronomic laboratory at Maltfabrikken and give our users a sense of ownership, then we might as well get started three years before it would be finished – to build up activities and a sense of ownership concurrent with Maltfabrikken.

In autumn 2015, we started to develop a format for the communal dining events that Frans was involved in. Back then, we did this over at SMAG, where space was limited...

Frans van der Woude We initially held communal dining events at SMAG every month or so. Sometimes we had family evenings. This attracted parents with their children, and featured Pippi Longstocking in the basement. Other times, it was just communal dining for everyone. Some of the events were outdoors, even in November. When we were indoors, we had to disperse people on several floors because we were short on space. But the idea from the outset was that a laid table invites conversation and socialising. Our key area of focus has always been how to get people to spend more time together. We can't force anyone to think this is interesting. We can only provide the framework where something can occur, and the framework was sharing a meal together.

JV In 2015, the Central Denmark Region and Aarhus Municipality established a few cultural tourism projects for which Maltfabrikken and SMAG jointly submitted a proposal. It was called 'The International Potential of Local Solutions' (Det internationale potentiale i det lokale) and took a gastronomic approach to collaboration projects involving cultural institutions and tourist attractions. We drew up a brilliant business plan proposing how we would run a collaborative venture like this. Then we got down to work and, in the lead up to 'Aarhus 2017 – European Capital of Culture', I became the operator for the gastronomy growth layer. One of the projects we created in this context was based on Maltfabrikken. It was this project that was eventually called Det Grænseløse Køkken.

That whole project took on a devil-may-care attitude: "we're going to create something new – so let's do it"! I remember how Realdania provided funding to build the greenhouse. And before we'd been notified of whether we'd received the money, the building was finished. Realdania's CEO came to a meeting out here and saw the completed project. And Realdania's guidelines explicitly stated that applicants were not permitted to start building until funding was granted. I actually can't remember how we managed to explain our way out of that.

FW This devil-may-care aspect was ubiquitous. Even the 'Institut for X' carpenters who built the greenhouse for us had it. There was a feeling of breezy insouciance about them when they drove up, unloaded the wood and started building in the midst of the rubble. And, all of a sudden, we had a little piece of Berlin right there in the courtyard. An odd combination of big-city ambience in the centre of Ebeltoft. It was a very rewarding period.

Foto Photo Mads Binderup

ET UVENTET PERSPEKTIV
AN UNEXPECTED DIMENSION

FW I foråret 2016, mens drivhuset var ved at blive bygget, kom regeringen med en lov om, at alle flygtninge eller asylansøgere skulle i arbejde. Alle sammen. På én gang. Der måtte højst gå to-tre uger, fra man var ankommet til Danmark, til man skulle ud på arbejdsmarkedet.

JV Vi havde arbejdet sammen med Kalø Højskole i lang tid. De har en linje for dansk sprog og kultur, hvor der går mange nye danskere. For Kalø Højskole betød den nye lov, at de pludselig stod med en masse elever, som skulle sendes i arbejde eller i praktik. Så højskolen var i gang med at finde ud af, hvordan man kunne kombinere det hele, så de faktisk fik de her praktikforløb, samtidig med at de var på højskole.

FW Og imens stod vi og skulle til at åbne drivhuset med Det Grænseløse Køkken. Så vi inviterede kommunen med til møde for at se på, hvordan folk fra andre kulturer kunne involveres og være aktive i et projekt som vores. Og så kom der en masse Kalø-elever til Ebeltoft og var med til at bygge færdigt og lave møbler i drivhuset.

JV De første kom og var med i byggeprocessen, men derefter fik vi mange flere, både i kortere og længere forløb, og også i køkkenet. De kom fra Kalø, men der kom også andre via Syddjurs Kommune. Her kunne de få tilegnet sig kokkefærdigheder, sprog, kulturforståelse og være del af et samarbejde. Det hele. Jeg tror, vi fik lavet nogle meningsfyldte praktikforløb. Måden, man ellers løste det på, var typisk noget med, at kommunerne lavede nogle store aftaler med for eksempel supermarkeder. Og så bestod praktikken i at sætte varer på hylderne. Så den meningsfulde praktik blev et spor, vi samlede op. Vi havde jo allerede idéen om det dækkede bord. Det dækkede bord betyder det samme i alle kulturer: Velkommen!

På den måde kom hele udlændingevinklen ind. Det skete bare. Fællesspisning var ikke tænkt som et projekt, der skulle arbejde med integration. Det handlede bare om at spise sammen. Men da vi så var i gang, og vi havde drivhuset, så kom hele det perspektiv. Og det voksede. Når man ser billederne fra den allerførste fællesspisning, hvor der lige pludselig var 150 mennesker – lokale, højskoleelever fra Kalø, alle mulige …

FW Jamen jeg ved ikke, hvor mange kulturer vi har lavet mad fra! Med flygtninge og indvandrere, med elever fra Kalø Højskole, med andre, der dukkede op og sagde, at de gerne ville være med. Der kom en dansk journalist, som havde en kæreste i Kroatien. Hun instruerede os i at lave kroatisk mad over telefonen. Der var hele tiden nogen, der havde en ny idé, hele tiden nye smagsoplevelser og nye fælles oplevelser. Det har været en fin rejse med indslag fra rigtig mange lande og kulturer. Flere, end vi havde regnet med.

FW In spring 2016, while the greenhouse was being built, the government passed a law saying that all refugees and asylum-seekers had to get a job. All of them. At the same time. No more than two or three weeks could pass after they arrived in Denmark before they had to be out at a workplace.

JV We had been cooperating with Kalø Folk High School for quite some time. They have a curriculum track for Danish language and culture attended by many new Danes. Kalø Folk High School interpreted the new law to mean that suddenly the school had a lot of students who had to start working or enter an on-the-job training process. So Kalø was trying to figure out how to comply with all the requirements so their students could get started on traineeships while attending the school at the same time.

FW At the same time, we were just about to open the Det Grænseløse Køkken greenhouse. So we invited municipal representatives to a meeting to see how we could get people from other cultures involved and actively engage them in a project like ours. This resulted in a lot of Kalø students coming to Ebeltoft, and they helped us finish building the greenhouse and make furniture in it.

JV The first to arrive were put to work in the construction process, but then we took on many more in short and long processes, and also in the kitchen. They mostly came from Kalø, but there were also participants from Syddjurs Municipality. With us, they could learn cooking skills, language, cultural understanding and cooperation. Everything. I think we developed some meaningful traineeships. Usually, this type of refugee-placement situation was resolved by the municipalities entering into a few big agreements with workplaces such as supermarkets. And the traineeship would consist of stacking the shelves. So the 'meaningful' aspect of the traineeship was something we improved on. We already had our 'laid table' concept. A laid table means the same thing in any culture: Welcome!

That's how we brought in the whole foreigner dimension. It just happened. The communal dining was not envisaged as a project involving integration. It was only about sharing a meal together. But as it was already something we were working on, and we had the greenhouse, everything was put into this perspective. And it grew. Looking at the photos from the very first communal dining event where all of a sudden there were 150 people – locals, Kalø students, all sorts of people…

FW Well, I have no idea how many different cultures we've cooked food from! With refugees and immigrants, with Kalø students, with others who showed up and said they wanted to help out. A Danish journalist who has a boyfriend in Croatia showed up. She instructed us by telephone in how to cook Croatian food. Someone was always coming up with a new idea, new taste experiences and new shared experiences all the time. It was a brilliant journey with elements from a great many countries and cultures. More than we had reckoned with.

Foto Photo Vibeke Wang

TURISTER, KOMFORTZONER OG BENSPÆND

TOURISTS, COMFORT ZONES AND OBSTACLES

JV Turismen var til gengæld tænkt ind i projektet fra starten, allerede da vi skrev ansøgningerne. Når man kommer til Ebeltoft, eller til Danmark i det hele taget, er det meget svært at møde den lokale befolkning. Hvis man tager til Sydeuropa, kan man altid finde det lokale marked, hvor lokalbefolkningen mødes, der har man en autentisk kontakt til en anden kultur. Men vi putter os lidt ind bag vores ligusterhække og foreningskultur, så det direkte møde med dem, der bor her, er svært at få. Derfor tænkte vi, at hvis vi nu kunne få hverdagsmåltiderne ud i det offentlige rum og skabe en kultur i et lokalsamfund, som for eksempel kunne være, at tirsdag og torsdag mødes vi ved langborde og spiser sammen – så har vi pludselig også en turistattraktion, hvor man reelt kan mødes, og hvor det, der foregår, ikke bare er noget, der er stillet an til lejligheden for turistens skyld.

Vi lavede mange undersøgelser af, hvordan man skulle gøre det, for på det tidspunkt var der ikke ret meget fællesspisning rundtomkring. Hvis man ville ud og spise, var man vant til at ringe og reservere et bord, så man var sikker på, at der var plads, og man forventede, at man skulle sidde for sig selv med sit selskab. Så det første års tid var det virkelig en kamp at lave så mange benspænd som muligt for at forhindre, at nogen lukkede sig inde.

Vores skåle og fade og service kom alle mulige steder fra. Vi havde altid et par varme retter og så to-tre salater, og fordi alle fade var forskellige, var det også forskelligt, hvor meget der kom på af de forskellige retter. Og så kunne vi høre: "Jamen hans fad er større end mit."

FW Den slags var svært for os i begyndelsen. Altså, hør nu: Der er mad til alle! Del det! Det er fællesspisning: Vi laver noget mad, vi deler det med jer, I deler med hinanden! Men for nogle mennesker var det langt uden for deres komfortzone, at de ikke kunne reservere et bord. Fordi det var så stort et tilløbsstykke, skete det, at folk, som kom lidt sent med deres lille selskab, blev nødt til at dele sig, så nogle skulle sidde her, nogle skulle sidde der … Så prøvede folk at rykke rundt – "Kan du ikke lige flytte dig, så kan min mor sidde her?" I begyndelsen tænkte vi meget over, hvordan vi skulle lægge de rigtige benspænd ind, og på den måde var vi hele tiden tre skridt foran. Det gav lidt modstand indimellem.

Til gengæld var det nærmest en åbenbaring for andre. Der var et østrigsk ægtepar med deres to børn. De kom for sent, jeg kan tydeligt huske det. De fik en plads, vi rykkede et eller andet sammen. Sådan var det hele tiden, fordi vi altid var så mange. Og der sad de så, og de kom til at snakke med andre, og jeg kan huske dem, fordi de var så taknemmelige over, at sådan noget fandtes. Det var noget, de aldrig havde oplevet før. Og det var også rigtigt – nogle gange var vi virkelig i stand til at favne så mange mennesker … og nogle gange var vi ikke.

Jeg kan også stadig huske en voksen mand med sin lille søn stå og stampe i jorden: "Jeg har ikke fået nogen fisk!" Vi stod og stegte makrel. Jeg tror, vi havde 700 makrel, som vi stod og vendte. Fisk på grill kan man ikke lave på forhånd, man er nødt til at grille dem efterhånden. Og der stod han så og stampede, en voksen mand, fordi han ikke havde fået en fisk.

JV By contrast, we had already incorporated tourism into the project when we were writing the proposals. When a tourist arrives in Ebeltoft – or Denmark in general – it's difficult to meet local residents. When travelling to Mediterranean countries, it is always possible to find a local market where locals get together and to have authentic contact with a different culture. But we Danes tend to snuggle down behind our hedges or in our cliques, making it hard to find spaces for direct encounters with local residents. So, we thought that if we could put weekday meals into the public sphere and create a culture in a local community, such as getting together around long dining tables and sharing a meal on Tuesdays and Thursdays, for instance, then we would suddenly have a tourist attraction where people could actually get together, and not a venue that provides a service only for the sake of the tourists.

We did many studies of how this should be done, because back then, communal dining projects were few and far between. If you wanted to go out to eat, you had to phone the venue and book a table to make sure there was space, and then people expected to sit by themselves with their own party. So for the first year or so, it was truly a struggle to set up as many obstacles as possible to keep people from shutting anyone out.

Our bowls, platters, tableware and cutlery came from all sorts of places. We always served a few hot dishes and two or three salads, and because all the platters were different, the amount of food placed on them was also different. And sometimes we would hear, "Hold on – his platter's bigger than mine!".

FW That sort of thing was difficult for us at first. "But listen," we would say, "There's enough food for everyone! Share it! That's what communal dining means: we prepare the food, we share it with you, and you share it with one another!" But some people felt that not being able to book a table was too far removed from their comfort zone. Because it was such a popular event, it occasionally happened that people who arrived a little late with their small party had to split up, so some of them had to sit in one place, others somewhere else... So people tried swapping places, "Would you mind moving so my mother can sit here?" – things like that. At first, we thought a lot about how to set up the right obstacles, which kept us three steps ahead of the problem at all times. This occasionally caused a little resistance.

By contrast, it was almost a revelatory experience for others. Once an Austrian couple came with their two children. I clearly remember that they arrived late. They got a space; we just rearranged things a little. That's how it was every time, because there were always so many people. And there they would sit, striking up conversations with one another, and I remember them, because they were so grateful that such a possibility even existed. It was something they'd never experienced before. And it was also true that sometimes we really were able to manage such a large number of people...

...and sometimes we weren't. I can still remember a grown man standing there with his little son, stamping his foot and complaining: "I didn't get any fish!" We were standing there frying mackerel. As I recall, we were busy turning and frying 700 mackerel. You can't grill fish beforehand: they have to be grilled just before serving. So he stood there – a grown man – stamping his foot because he hadn't been served a fish yet.

JV Vi førte vores egen kamp mod hyggen og den danske magelighed. Ironisk nok kom vi på samme tidspunkt med i en amerikansk dokumentarfilm, "Finding Hygge". Hygge var et af de mest googlede ord i Amerika og England på det tidspunkt, og vi kom så ind i det der filmunivers, hvor de forsøgte at skildre hyggen, samtidig med at vi nærmest prøvede på at afmontere den – eller i hvert fald arbejdede med bagsiden af hyggen, udfordrede den.

Den danske hygge er jo enormt ekskluderende. Det er os – "os og vores lille familie og den her lille ting, vi har sammen". Med Det Grænseløse Køkken prøvede vi at skabe et bud på, hvordan det også kan være. Hvad der kan ske, når man kommer til at sidde ved siden af en, man ikke kender, og over for nogen, man ikke har mødt før. Lidt væk fra den sædvanlige lille flok og lidt uden for komfortzonen. Det var vores lille opgør med hyggen. Eller med den fastgroede opfattelse af, hvad hygge er.

Jeg tror, det var et meget effektivt værktøj. At man kunne komme og føle sig som en del af det hele. Fordi der ikke var tjenere. Der blev lavet mad, og så var der små koncerter – men man skulle selv finde et sted at sidde, og vi inviterede til, at man kom og hjalp med opvasken og var frivillig og gav en hånd. Jeg tror, det har betydet meget for fællesskabsfølelsen, at det var sådan. Og at man var med, før Maltfabrikken stod færdig. Jeg tror, det var der, mange fik stoltheden og følelsen af at være en del af fundamentet.

FW Jeg tror, at mange har følt sig som medskabere, når de kom til fællesspisning. Vi var sammen om noget, som var ud over det sædvanlige. Det var en god optakt til hele processen med at få skabt sammenhæng og ejerskab. At der var et sted, hvor det ikke var "mig og min lille familie" men "os alle sammen".

JV Jeg har hørt fra flere, at Det Grænseløse Køkken og det byrum, der blev skabt dér, blev tungen på vægtskålen i en beslutning om at flytte herud. Det var med til at kickstarte troen på, at her sker noget. Vi har den her nordiske kultur, hvor vi er lidt lukkede, mens vi måske drømmer om mere åbenhed og mere samvær.

FW Jeg tror, det er grundlæggende, at folk savner at være sammen. Der er en grundlæggende længsel efter at mødes og efter at have noget, som vi er fælles om.

JV I Spanien har de et begreb – sobremesa – som er tiden, efter at man er færdig med at spise. En halv time, hvor det er forbudt at tage tallerknerne af bordet, fordi det er der, man snakker bedst med hinanden. Jeg tror, det er noget af det, Det Grænseløse Køkken også har ramt. Det rummer den halve time, hvor man har spist og delt, og samtalen lever rundt om bordet. Og så har man tilfældigvis siddet ved siden af nogen, man ikke kendte, og det har skabt de her relationer og møder og dannet grobund for fællesskabet.

Og så, efter en halv time, er folk gået. Helt af sig selv. Mad klokken seks, færdig med at spise kvart i syv, og klokken halv otte var der stort set ikke nogen tilbage, ud over dem, der lige hjalp med at rydde op. Og så var vi færdige. Nærmest rituelt.

JV We fought our own battle against comfort zones and Danish self-indulgence. Ironically, at the same time, we took part in a US documentary, 'Finding Hygge'. 'Hygge' was one of the most googled words in the US and the UK at the time, and we entered this film world where they were trying to depict 'hygge', at the same time that we were trying to undermine it – or confront and question its drawbacks, at any rate.

Denmark's 'hygge' is highly exclusive. It's 'us' – defined as 'us and our nuclear family and this little activity we're pursuing together'. Our aim for Det Grænseløse Køkken was to provide an alternative to this way of thinking. What can happen if you end up sitting next to someone you don't know and opposite someone you've never met before? Slightly removed your usual little flock, and slightly outside your comfort zone. That was how we came to grips with the 'hygge' concept. Or with the ingrained perception of what it is, at least.

I think it was a very effective tool. Providing an opportunity to people who could come to an event and feel like they were part of it all. Because there were no waiters. Food was prepared, and small concerts were performed. You had to find your own place to sit, and we invited everyone to help do the washing up, be a volunteer and lend a hand. I think it meant a lot for the sense of community that it was structured like this. And that it got people involved before Maltfabrikken was completed. I think this was where people initially felt a sense of pride, and felt like they were part of something from the beginning.

FW In my view, many felt like they were co-creators when they came to communal dining events. We were sharing an exceptional experience. It was a fine prelude to the whole process of establishing cohesion and instilling ownership. Making it a place that wasn't 'me and my family', but 'all of us together'.

JV Several people have told me that Det Grænseløse Køkken and the urban space created there were deciding factors for their decision to move out here. It helped kick-start the belief that something unique was happening here. We have a Nordic culture of being reserved and withdrawn. But perhaps we dream of being more open and spending more time with others.

FW I think that, basically, people miss getting together with others. There is a basic longing to meet and share experiences.

JV In Spain they have a concept called sobremesa, which is the period of time after you've just finished eating. Half an hour where clearing the table is not permitted, because this is when people converse best with one another. I think some of this tradition is also captured by Det Grænseløse Køkken. It covers the thirty minutes after everyone has finished sharing a meal together, and the air is filled with lively conversation. And if you happen to be sitting next to someone you've never met before, this creates the relationships and encounters and forms the basis for the togetherness.

And then, half an hour later, everyone is gone. Without being prompted. Dinner at six, finished eating at a quarter to seven, and by half past seven, almost no one remains, except those helping to tidy up. And then we were done. Almost like a ritual.

LOVE

Foto Photo Vibeke Wang

Foto Photo Mads Binderup

EN GOD STOR GRYDE
- fra Det grænseløse køkken

TIL MANGE PERSONER!

6 KG. KIKÆRTER — SÆT KIKÆRTER I BLØD DAGEN FØR. KOG DEM NÆSTEN MØRE OVER ILD I RIGELIGT SALTET VAND, TAG DEM AF PANDEN OG HÆLD VANDET FRA

20 KG PETIT KARTOFLER
ÉN GOD OLIE
500 G. HVIDLØG
10 KG LØG
LIDT (men ikke for lidt) INGEFÆR
1 KASSE FENNIKEL
2 KASSER AUBERGINER
2 KASSER BLADSELLERI
6 STK. KNOLDSELLERI I TERN - EVT.
EN KASSE PASTINAKKER ELLER JORDSKOKKER
CA. 9 LITER FLÅEDE TOMATER ELLER PASSATA — PASSATA ER OFTE DET BEDSTE
GARAM MASALA, SPIDSKOMMEN, RØGET PAPRIKA, KANEL, CHILI, SALT OG PEBER
FRISKE URTER I RIGELIGE MÆNGDER:
TIMIAN, ROSMARIN OG EVT. SALVIE
FRISKE URTER TIL SIDST:
PERSILLE, PURLØG, KORIANDER
EN KASSE PEBERFRUGTER
ÉN KASSE SMÅ, VIRKELIGT GODE, SØDE CHERRY TOMATER

♡ ALT KAN TILSÆTTES ELLER UDELADES EFTER SÆSON, SMAG OG PENGEPUNG

♡ STEG PETIT KARTOFLER I EN GOD OLIE PÅ EN GOD, VARM PANDE. NÅR DE HAR FÅET FARVE OG ER HALVVEJS MØRE TAG DEM AF PANDEN.

♡ FORTSÆT NU MED AT STEGE ALT ANDET GRØNT: START MED HVIDLØGSFED, HAKKET LØG OG REVET INGEFÆR. LAD ALT FÅ FARVE, TILSÆT SÅ FENNIKEL, AUBERGINER, BLADSELLERI, KNOLDSELLERI, PASTINAK EL JORDSKOKKER, ALTSAMMEN SKÅRET I PASSENDE STYKKER.

♡ NÅR ALT ER SAUTERET GODT TILSÆT FLÅEDE TOMATER ELLER PASSATA. LAD DET KOGE GODT IGENNEM OG BLIVE TIL EN GOD SAUCE, OG GIV DEN GODT MED KRYDDERIER OG FRISKE URTER, ALT I RIGELIGE MÆNGDER!

♡ TILSÆT DEREFTER ALLE KIKÆRTER OG KARTOFLER OG LAD DET HELE KOGE SAMMEN TIL EN HERLIG DUFTENDE GRYDE

♡ TILSÆT SKÅRNE PEBERFRUGTER OG TIL SIDST EVT SMÅ VIRKELIG GODE SØDE CHERRY TOMATER SKÅRET I HALVE, SAMT STORE MÆNGDER KRYDDERURTER SOM PERSILLE, KORIANDER ELLER PURLØG - ALT EFTER SMAG OG SÆSON - OG LAD DET SIMRE 5 MIN. MERE

♡ SERVER MED EN SKØN, GRØN SALAT MED SPISELIGE BLOMSTER OG GODT SURDEJSBRØD MED PESTO.

VELBEKOMME! (OG HUSK AT SPISE UDENFOR)

KH JAKOB & FRANS

Foto Photo Kristian Krog

A BIG TASTY ONE-POT MEAL FROM DET GRÆNSELØSE KØKKEN

THE BOUNDLESS KITCHEN

For many people!

6 kg	Chickpeas
20 kg	Baby potatoes
	A good oil
500 g	Garlic
10 kg	Onions
	A little ginger (but not too little)
1 box	Fennel
2 boxes	Aubergine
2 boxes	Celery
6	Celeriacs, diced – and possibly:
	One box parsnips or Jerusalem artichokes
9 litres	Peeled tomatoes or tomato passata (passata is usually best)
	Garam masala, cumin, smoked paprika, cinnamon, chilli
	Salt and pepper

A generous portion of fresh herbs:

Thyme, rosemary and possibly sage

Fresh herbs to be added at the end:

Parsley, chives, coriander.

1 box	Sweet peppers
1 box	Small, tasty and sweet cherry tomatoes

Anything can be added or omitted, depending on the season, taste and budget.

Soak the chickpeas in plenty of water the day before. Boil them in water with plenty of salt, until almost tender; remove from the pan and drain.

Fry the baby potatoes in good-quality oil in a nice hot frying pan. Remove from the pan once golden and somewhat tender, remove.

Next, frying all the other vegetables: start with the cloves of garlic, chopped onions and grated ginger. Let them all turn golden before adding the fennel, aubergines, celery, celeriac, parsnips or Jerusalem artichokes, all of which are chopped, diced or sliced into suitable pieces.

When everything is thoroughly sautéed, add the peeled tomatoes or passata. Cook thoroughly to produce a hearty sauce, and add plenty of herbs, both fresh and dried.

Then add all the chickpeas and potatoes, and let everything simmer into a wonderfully fragrant stew.

Add the sliced sweet peppers and, finally, the small, tasty and sweet cherry tomatoes (halved), as well as plenty of herbs such as parsley, coriander or chives – depending on taste and the season – and let it simmer for five more minutes.

Serve with a delightful green salad including edible flowers and a hearty sourdough bread with pesto.

BON APPETIT (and remember to eat it outdoors)!
With loving affection Jakob and Frans

Nina Renée Knoblauch-Larsen

Vi gjorde klar til fest oppe på loftet i maltlageret. Dengang gik man op ad en lidt vakkelvorn trætrappe udefra, og der hang altid festivalflag op ad den, så man kunne se, at det var der, man skulle gå ind. Og så kom man ind i noget, der virkelig lignede et gammelt loft. Mega støvet. Mega smadret. Og så stod der sådan nogle plastikkegler rundtomkring og markerede, hvor der var huller i gulvet. Altså, hul helt ned til etagen nedenunder. Der var to barer, og så var der lavet sådan et kæmpestort hjerte, hvor man kunne stikke hovedet igennem og tage Instagram-billeder med hinanden. Der kom vel 200 mennesker til den fest. Ingen af dem faldt gennem gulvet – lykkeligvis.

We geared up for parties in the loft of the Malt Warehouse. Back then, you had to climb a rather rickety wooden stairway on the outside the building, and it was always decorated with party flags so people could see where to enter. And once inside, it really looked like an old attic. Very dirty. Totally devastated. And plastic cones were placed at various points to show where the holes in the floor were. Holes all the way down to the floor below. There were two bars, and a gigantic heart had been made to stick your head through for taking Instagram photos of one another. Something like 200 people attended the party. No one fell through the floor – fortunately.

Foto Photo Vibeke Wang

WE LOVE
NY MALT
WE LOVE
NY MALT
KÆRLIGHEDSFESTIVAL D. 9.9

Fabrika Tbilisi, Georgien Georgia
Foto Photo Trans Europe Halles

KULTURFABRIKKERNE I EUROPA

THE CULTURE FACTORIES IN EUROPE

MIEKE RENDERS
ADMINISTRERENDE DIREKTØR
MANAGING DIRECTOR
TRANS EUROPE HALLES

Melkweg, Amsterdam, Holland The Netherlands
Foto Photo Melkweg

Foto Photo Dmitry Chuntula

Trans Europe Halles er et europæisk netværk af græsrodskulturcentre etableret i genanvendte bygninger. De fleste centre er opstået i funktionstømt industriarkitektur, nogle i tidligere udlejningsejendomme, et gammelt kloster, et landbrug, en synagoge, en skole og sågar et fængsel. Fællesnævneren er steder, som havde en anden funktion, før de blev overtaget af kunstnere.

Trans Europe Halles er både et netværk af bygninger og steder og et netværk af mennesker af en særlig støbning: Mennesker med stærke personligheder, en udtalt fælles vision og en forkærlighed for handling. De er konstruktivt samfundskritiske og samles i fællesskaber for at overtage forladte steder og forvandle dem til eksempler på, hvordan verden også kunne se ud. På mange måder er de eventyrere – de kaster sig ud i ting.

Trans Europe Halles-netværket opstod i 1983, da syv spirende kulturcentre i Vesteuropa stod over for nogle af de samme udfordringer i forhold til deres lokale myndigheder. I alle centrenes lokalområder var der planer om at sanere de gamle bygninger, hvor de havde deres kunstneriske og kulturelle aktiviteter, for at give plads til nye boliger i moderne 80'er-stil. Folkene i de syv centre delte visionen om, at de gamle fabrikker skulle blive til steder, hvor de lokale kunne mødes om musik, kunst og festivaler. Deres idé var at tilføre nyt liv til de gamle industribygningers æstetik og åbne dem for offentligheden som et sted, hvor folk kunne være sammen. Det, der begyndte som en slags redningsmission i marts 1983, blev snart til det netværk, som stadig er aktivt i dag.

Årsagen til, at tidligere industribygninger virker så tiltrækkende på kulturelle og kreative sjæle, er hovedsagelig, at det er bygninger med sjæl. De har en særlig energi. Alle vegne er der spor efter tidligere generationer og deres aktiviteter, foruden de spor af forfald, som også inspirerer mange kunstnere. Bygningerne har ofte oceaner af plads, højt til loftet og store vinduer – det er steder, der inspirerer til nye idéer og nye løsninger, og som giver mod til at gøre tingene anderledes.

Det at genanvende gamle industribygninger er ikke altid den letteste vej at gå. Nogle gange er jorden forurenet, bygningerne er kolde, og det trækker ind. Vinduerne er ødelagte, og tagkonstruktionerne i stykker. Det kan derfor være ekstremt dyrt at renovere. Det er bygninger, der har brug for en ordentlig overhaling, men samtidig fyrer de op under fantasien. Man kan fornemme historien, og man kan mærke energien fra de generationer, der har arbejdet der. Den hænger stadig i rummene. På en måde er fabrikkerne stadig i drift. De bringer mennesker sammen. De arbejder. De skaber. De former en ny fremtid.

Fortid, nutid og fremtid er vigtige aspekter, der skal huskes, når vi taler by- og landdistriktsudvikling. Tilsammen udgør de en del af et steds DNA og fælles hukommelse, og de er en del af folks arv – af menneskers egen historie. Mange har deres egne anekdoter om steder og bygninger, forbundet med familie, venner eller fællesskaber. Stederne udgør en fælles forbindelse, der rækker fra fortiden ind i fremtiden – en forbindelse, som er vigtig at bevare.

Når man besøger centre i Trans Europe Halles, spørger man ofte sig selv, om de stadig er under ombygning, eller om nogen lige har forladt byggepladsen. Trangen til at blive ved med at udforske rummene og sprækkerne imellem dem er en stærk værdi. Centrene er altid i forvandling og under transformation, i en evig proces af renovering og konstant i gang med at genopfinde det, der hidtil er blevet gjort. Man kunne kalde dem forandringsfabrikker. Og det er i virkeligheden det, de er. De skaber en ny fremtid for en by eller et lokalområde.

Trans Europe Halles is a Europewide network of grassroot cultural centers, that are based in repurposed spaces. Most of the spaces are old industrial heritage buildings, but also post commercial sites, and places like an old monastery, a farm, a synagogue, a school or even a prison. The places all used to have another function before they were taken over by artists.

TEH is both a network of buildings and spaces, but also a network of great people. What characterizes them are, that they are all great characters. They have strong personalities, they have an outspoken vision and they are real do'ers. They are also very constructively critics to society, in which they have gathered in communities or groups, to take over an empty space. A way to kind of make a better suggestion on what the would should look like. They are a bit of mavericks - They just do it.

The Trans Europe Halles Network came together in 1983, when 7 more or less similar starting up cultural centers, in the western part of Europe had similar issues and challenges with their local governments. There were plans in each area of the 7 centers, of tearing down the buildings in which they had been running cultural and artistic activities, and instead building new housing in a more 1980's modern style of architecture. The people of the 7 centers had a shares vision, where the buildings was an amazing opportunity and arena for bringing the community around activities as for example music, art and festivals. They had an idea of bringing the aesthetics back to life in the industrial buildings but also to open them up for the public as a place to meet face to face. It was a kind of rescue mission that started up in march 1983 and soon transformed into a network which is still active today.

The reason why former industrial buildings are attractive for cultural and creative minds, is mainly the soul of the buildings. They have a special energy. Everywhere traces of people and activities that belongs to a past generation, but also traces of decay inspires artists. They often have a great quantity of space, room height and large scale windows – these spaces makes people inspired to come up with new ideas, new solutions and courage to do things differently.

Repurposing old industrial buildings are not always the most easy way to go. Sometimes the grounds are polluted, they are cold, the windows are broken and the ceiling is damaged, and therefore the renovation can become very costfull. They need a rough hand but at the same time inspire the imagination. You feel the history in these old buildings, and you actually feel the old energy from generations who worked there. It is still hanging around. And those spaces often continue those missions in some sense – it brings people together. They work. They create. They shape a new future.

De kreative og kulturelle rum er af afgørende betydning på mange planer. I byen har de deres egen atmosfære, stil og særlige ånd. De er aldrig 'ikke-steder', som Marc Augé kalder det, når ting ser ud på samme måde over hele verden. Alle Airbnb'er ser ud på samme måde: De har en murstensvæg, et trægulv, en pæn lysestage og et tæppe, som ser næsten hjemmelavet ud. Mange andre typer af steder har et ensartet udseende – detailkæder, franchisecaféer og hoteller, som alle forsøger at fremstille sig som unikke. Gå en tur gennem en hvilken som helst lufthavn i verden: Starbucks-kaffe smager og føles ens overalt.

Centrene i Trans Europe Halles er unikke. Hvert center har sin egen arkitektur, sin egen organisation, kommunikation og økonomi. Men der er ingen garanti for, at de består.

De velfungerende centre ligger i områder i forandring og kæmper med byudviklere og byggefirmaer, der hellere vil fjerne dem, fordi de ser dem som en torn i øjet eller mener, at de ligger i vejen.

Husk, at gamle fabrikker nogle gange er grimme, og at de koster en masse penge. Mange mennesker ønsker deres byer homogene. Det er vigtigt at huske, at fabrikkerne er steder, der tilfører deres omgivelser noget unikt. De mennesker, der involverer sig i dem, har som mission at bevare det unikke. Undervurder aldrig værdien af kulturfabrikkerne og deres evne til at tiltrække kreative og dedikerede mennesker med drivkraft og skabertrang.

For netværket er det ekstremt vigtigt, at de mennesker, der arbejder i kulturcentrene, møder hinanden og udveksler idéer – og selvfølgelig at de udvikler venskaber og kan give hinanden styrke og håb, så de sammen kan drive fremtiden mod et mere kreativt Europa. Alle involverede i centrene i Trans Europe Halles kæmper grundlæggende med de samme udfordringer. Hvorfor ikke hjælpe og støtte hinanden på tværs af Europa?

Maltfabrikken skiller sig ud som et unikt eksemplar med den vision og mission, som jeg lige har beskrevet, men også med en tilgang, der siger, 'nu gør vi det selv'. Måske er den praktiske, handlingsorienterede og målrettede attitude særligt dansk? Maltfabrikken er båret af den slags energi, som kommer af samarbejde. Man bygger, og man lægger planer, her sker altid noget. Maltfabrikken er en del af netværket og familien Trans Europe Halles. Forhåbentlig for altid.

Past, presence and future. This is important to remember when we talk about urban and rural development, because it is a part of the DNA and shared memory of these places and people own it as their own heritage, their own history. Many people have their own anecdotes of the places, that are connected to family, friends or community – this is important to keep as a shared link from past into future.

When you visit the centers of Trans Europe Halles, you wonder if they are still in transformation, or if someone just left the building site. It is a strong value, that the drive for keeping investigating the space and gabs in between. They are always in an ongoing transformation and change – like a never ending process of refurbishing and reinventing what has been done so far. You can call them changemaking places. That is what they really are – they set up a new future for the town, city or landscape.

The cultural and creative spaces are super important at many levels. In the city they are important as they have their own atmosphere, own style, own specific placemaking spirit. Never a 'non-place' – a term introduced by Marc Augé for spaces that look the same all over the world: Every Airbnb looks the same. They have a brick wall, a wooden floor, a nice chandelier and a rug that looks almost homemade. A lot of other places have a unified look, ex chain shops, retail shops, hotels, trying to find their own uniqueness. Take a walk in the airport. At any airport in the world the Starbucks Coffee tastes and feels like the same.

But in the Trans Europe Halles centers, every place is unique and its own. In architecture, in organization, in communication, in economy. But it is not given that this will continue.

Every successful center in at area under development, is fighting against city developers, building compagnies, designers and architects, that would rather remove the spaces, because they are in the way or a thorn in the eye.

Remember. The factories can be ugly sometimes. They cost a lot of money. People want to homogenize their cities, so remember that these centers make the places unique. The people their will have it as their mission to preserve this uniqueness. Never underestimate the value that places like the cultural factories attract a creative and driving class, that push a positive driving force.

As a network it is extremely important that the people who work in those spaces meet each other, give each other strength, hope and ideas – an doff cause make friends to be able to inspire and drive the future towards a more creative Europe. Everyone in the centers of Trans Europe Halles is actually struggling with the same issues. Why not help and support each other across Europe?

When we talk about Maltfabrikken in Denmark, it is an example that stands out as a unique example. Both regarding the mission and vision as mentioned. But also as a 'do it yourself' approach. Maybe it is a danish thing, but hands-on, let's do it, and aim high approach. Everywhere Kristian, Vibeke and the rest of the team comes, there is a boost on a collaborative energy level. There is always something going on, being build, being planned. Maltfabrikken is a part of the Trans Europe Halles network family, and hopefully always will be.

We are the remix
Röda Sten Konsthall, Göteborg, Sverige Sweden 2017
Foto Photo Hendrik Zeitler

Vooruit, Ghent, Belgien Belgium
Foto Photo Michiel Devijver

VI BYGGER PÅ NOGET VI ER HELDIGE AT LÅNE

BUILDING ON SOMETHING WE'RE PRIVILEGED TO BORROW

Interview af by
Kristoffer Lindhardt Weiss

INTERVIEW
METTE TONY
MADS BJØRN HANSEN
PRAKSIS

Foto Photo Dennis Serup Voigt Kristensen

KRISTOFFER LINDHARDT WEISS

Ebeltoft oplever et stort opsving, og byen er begyndt at ændre karakter. Ebeltoft tilbyder en hyperlokal livsstil tæt på naturen i en mindre by, samtidig med at man kan være en del af en globaliseret virkelighed. Mange bor og arbejder i byen, men laver opgaver i Berlin, New York og Paris. Det lokale miljø har aldrig været vigtigere for folk. Det er den kontekst, Maltfabrikken indgår i. Hvad var jeres første indtryk af Maltfabrikken og Ebeltoft, da I blev inviteret til at deltage i arkitektkonkurrencen?

Ebeltoft is experiencing a big upturn and its character is beginning to change. Ebeltoft offers a hyperlocal lifestyle close to nature in a small town milieu, while providing an opportunity to be part of a globalised reality at the same time. Many people live and work in the town but have customers or partners out in Europe and in other parts of the world. The local milieu is once again an important point of departure. This is the context in which Maltfabrikken finds itself. What was your first impression of Maltfabrikken and Ebeltoft when you were invited to take part in the architectural competition?

Mette Tony

Vi kendte faktisk ikke Maltfabrikken og havde kun et begrænset kendskab til Ebeltoft for at være helt ærlig. Maltfabrikken fremstod som et kæmpemæssigt katedrallignende bygningsværk, som var overmåde stærkt, men som virkelig også havde brug for hjælp. Det var helt i knæ, og i den bymæssige sammenhæng var flere butikker, parkering og andre funktioner rykket helt tæt på. Der var ingen plads. Vi skulle have Maltfabrikken til at fylde mere i bybilledet.

We had actually never heard of Maltfabrikken and knew very little about Ebeltoft, to be honest. Maltfabrikken loomed over the town as a gigantic cathedral-like structure exuding power, but it was also in dire need of help. It was in terrible condition, and several shops, parking facilities and other functions were encroaching on its urban setting. There was little space left. We needed to enhance Maltfabrikken's position in the townscape.

Mads Bjørn Hansen

Vi fik et godt indtryk af folkene bag projektet med Kristian Krog i spidsen. Man mente projektet alvorligt, man havde noget på hjerte, der kunne være med til at realisere et helt særligt projekt. Det var alvor, men på en sjov måde.

We were impressed with the people behind the project, led by Kristian Krog. Their sincere, wholehearted involvement in the project made it possible to achieve unique results. They were serious but in a happy-go-lucky way.

Foto Photo Christian Taylor Hauschild

MT Folkene bag oplevede vi som et vandfald af kærlighed til Maltfabrikken. Det lykkedes dem mod alle odds at skaffe midler til at købe bygningen, og ikke mindst samle lokal opbakning, bred folkelig opbakning. Det var et fantastisk udgangspunkt for arbejdet med at transformere og udvikle et koncept for den nye bygning, at interessen for projektet var så stor lokalt.

KLW Hvad gør den industrielle bygningsarv interessant at arbejde med? Jeg tænker på spørgsmål om særlige materialer, rumlighed og bevaringsværdier.

MT Bygningsarven fortæller om landets historie. Og den industrielle bygningsarv fortæller om en epoke, der hastigt forsvinder. Det er en del af det, vi kommer fra. De mennesker, som oprindeligt skabte Maltfabrikken, har været med til at bygge Danmark op. Det gør det arkitektonisk interessant at arbejde med. Men der er også den rumlige forskellighed, som bygningsarven repræsenterer. Hvis vi vil have arkitektonisk diversitet i vores verden, skal vi ikke rive de gamle bygninger ned, for vi kan ikke bygge dem igen med samme kvalitet. Vi bevæger os længere og længere væk fra evnen og muligheden for at frembringe denne type bygninger. Det er et punkt i historien og nogle rumligheder, udtryk, stemninger og materialer, som bare forsvinder, hvis vi ikke finder en måde at bygge videre på dem på. Hvis vi gerne vil gå rundt i en verden, hvor der er variation, og hvor vi ikke kun er omgivet af det, der bliver bygget i dag, må vi bevare diversiteten og den historiske forankring gennem bygningsarven. Vi må være med til at digte videre og lave en fortolkning af de kvaliteter, der knytter sig til vores historie. Og i dette tilfælde Ebeltofts historie.

MBH Og der er et element af bæredygtighed, altså at man ikke bare altid river ned og bygger nyt op, det er enormt ressourceforbrugende. Maltfabrikken er spændende, fordi den er modnet gennem så mange år og knopskudt med små bygninger, der er blevet tilføjet, efterhånden som der blev behov for at huse nye funktioner. Hele bygningsanlægget er vokset ud af de forskellige funktioner, ud af stedet og de behov, der er opstået. En temmelig simpel arkitektur, eller klondike i ordets bedste forstand, der bare bliver ved med at give. Det er grundlæggende bare et rart sted at være.

MT We experienced the people behind Maltfabrikken as having heartfelt affection for the place. They had succeeded against all odds in obtaining funding to buy the building complex and, not least, to muster widespread, local, grassroots support. This enormous local interest in the project provided a brilliant point of departure for transforming and developing a concept for the new building.

KLW What makes Denmark's industrial cultural-architectural heritage an interesting object of your attention? In my view, it's because you have to resolve issues involving unique materials, spatial qualities and preservation-worthy aspects.

MT The architectural heritage tells a piece of Danish history. And the industrial architectural heritage bears witness to a rapidly disappearing era. It's part of who we are and where we come from. The people who originally built Maltfabrikken have helped build up the Denmark we know today. This quality makes the architectural tasks interesting in their own right. But the architectural heritage also represents and embodies a spatial diversity. In order for us to achieve architectural diversity in our world, we mustn't tear down the old buildings, because we can't rebuild them with the same quality. We're moving further and further away from having the capability and possibility of producing this type of building. It epitomises a point in history as well as spatiality, styles, moods and materials that will simply vanish if we fail to find a way to take them forward. In order to live in a world brimming with variation, not only surrounded by what we're building today, we have to preserve the diversity and history embedded in our architectural heritage. We must assist in reinventing and reinterpreting the qualities associated with our history. The history of Ebeltoft, in this case.

MBH It's also about sustainability, meaning that we can't just keep tearing down and building something new; that eats up enormous resources. Maltfabrikken is exciting because it has matured over so many years, adding on small buildings concurrently as the need to house new functions arose. The entire building complex grew out of the various functions, out of the site and out of meeting the needs that arose. The architectural style is quite simple or 'shanty-town' in the best sense of the word, and it just keeps on giving. It's basically just a nice place to be. We've tried to further develop this – a somewhat un-architectural way of viewing the building – and continue developing the added-on elements. Taking a few steps back and letting things grow all by themselves. And this appeals to many people.

KLW How would you describe your overarching conceptual and design approach?

MBH The competition description defined the task as the design of a new structure adjacent to Maltfabrikken. But this would mean that the new structure would somehow have to contend with the existing building. That would never work. It would be like folding your arms and turning your back on the old building. Which is not how we envision the architectural solutions we design.

MT It was a matter of recreating the grandiose character of Maltfabrikken. It was not a matter of how we should design a special structure or building adjacent to and in contrast with Maltfabrikken that would eclipse the old building. It was a matter of enhancing Maltfabrikken to stand out in its full glory, power and greatness. Whatever we designed and built should be small by comparison. It should underscore a distinct architectural hierarchy. That's why we proposed putting all the functions within Maltfabrikken. And allowing the courtyard to remain the central space around which we build and place the other functions. But top priority was given to preserving and transforming – or upgrading – the old building complex.

KLW As you move among the buildings of the complex, with little corridors, lanes and outdoor spaces, it resembles a small village.

MBH Maltfabrikken is the key element. There is a hierarchy in

Foto Photo Christian Taylor Hauschild

Det har vi forsøgt at arbejde videre på; den u-arkitektede måde at se bygningen på, det at arbejde videre med knopskydninger, træde nogle skridt tilbage og lade tingene vokse af sig selv. Og det appellerer til mange mennesker.

KLW Hvordan vil I beskrive jeres overordnede greb og designtænkning?

MBH I konkurrenceoplægget var opgaven at bygge en ny bygning ved siden af Maltfabrikken. Men det ville betyde, at den nye bygning skulle slås med det eksisterende. Det ville ikke fungere. Det ville nærmest være at stå med armene over kors og vende ryggen til det gamle. Det er ikke den måde, vi tænker på, når vi arbejder med arkitektur.

MT Det handlede om at genskabe maltfabrikkens storhed. Det handlede ikke om, hvilken særlig konstruktion eller bygning vi kunne lave ved siden af som kontrast til Maltfabrikken, der ville overstråle den gamle bygning. Det handlede om, at Maltfabrikken skulle fremstå med sin fulde magt og vælde og størrelse. Alt, vi tegnede og byggede, skulle være småt ved siden af. Der skulle være et tydeligt hierarki. Vores oplæg var derfor at putte alle funktioner ind i Maltfabrikken. Og lade gårdrummet være det centrale, hvorom vi byggede og lagde de øvrige funktioner. Men hovedvægten var på bevarelsen og omdannelsen – eller opgraderingen – af det gamle bygningsanlæg.

KLW Det ligner næsten en lille landsby, når man bevæger sig rundt mellem bygningskompleksets huse med små passager, stræder og uderum.

MBH Maltfabrikken er det centrale. Der er et hierarki, hvor en række andre funktioner er spredt ud i området omkring fabrikken på en måde, der ikke konkurrerer med de kvaliteter og funktioner, Maltfabrikken rummer. Det er tanken.

KLW Hvad var den største udfordringer i arbejdet med den gamle bygning?

MBH Det oplæg, vi lavede til konkurrencen, er faktisk sådan som byggeriet også endte. Det sker sjældent, at det færdige projekt ligner de tidligere tegninger og visualiseringer så meget. Projektet ligner sig selv. Jeg er glad for, at det

which a number of other functions are scattered in the area around the malt house in a way that does not compete with the qualities and functions that Maltfabrikken embodies. That was our intention.

KLW What was your biggest challenge in developing the old building?

MBH The competition proposal we submitted was actually how the final building project ended up, too. It's rare for a finished project to resemble the early drawings and visualisations as closely as this one did. The project looks the same as it did initially. I'm pleased that it has become a little village in which the recurring red colour establishes coherence and makes the various materials take on different appearances within a rather stringent palette.

MT It was in terribly poor condition. The project was quite complex, and we had a tight schedule in which to work. It was complex because it involved a complete landscaping project, a restoration project, and various additions and new buildings. And, rather than tear anything down, we chose to restore and hold on to all sorts of things that were on the verge of collapsing. And after that, getting all the functions to fit in with one another. It was a comprehensive task.

MBH In my opinion, the rugged quality that permeates the project has succeeded. It was impossible to be excessively rugged. The iron stairway, the coarse walls exude a tactile, textural quality that is difficult to conjure up with two layers of plasterboard and some plastic paint.

KLW You seem to have approached the building with gentleness, doing only what was absolutely necessary and nothing else. Only a few materials were brought into play?

MT The task largely involved finding materials that interact with the rugged qualities of Maltfabrikken. Black steel, for instance. In other respects, many of the project tasks involved defining where it is open and where it is closed. Factory buildings are usually sealed-off structures, so we had to open up Maltfabrikken,

er blevet en lille by, hvor den gennemgående røde farve skaber sammenhæng og får de forskellige materialer til at fremstå forskelligt inden for en ret stram pallet.

MT Den var i utrolig ringe stand. Det var en meget kompleks sag, og så havde vi en kort tidsplan. Komplekst, fordi det var et helt landskabsprojekt, restaureringsprojekt, diverse tilbygninger og nybygninger. Og i stedet for at rive ned, valgte vi at restaurere og holde fast på alt muligt, der var ved at falde sammen. Og så at få alle funktioner indpasset. Det var en omfattende opgave.

MBH Jeg synes, at den råhed, der gennemsyrer projektet, er vellykket. Det kunne ikke blive råt nok. Jerntrappen og de rå vægge gør det taktilt og giver det en stoflighed, som er svær at trylle frem i to lag gips og noget plastikmaling.

KLW Det virker, som om I er gået meget nænsomt til bygningen og kun har lavet det absolut mest nødvendige og ikke andet. Det er ret få materialer, der er sat i spil?

MT Opgaven var i høj grad at finde materialer, der spiller sammen med Maltfabrikkens råhed. Sort stål for eksempel. Meget af arbejdet med projektet har i øvrigt været at definere, hvad der er åbent, og hvor der er lukket? Fabrikker er typisk lukkede bygninger, og vi skulle lave det meget åbent, fordi et kultursted er transparent, åbent og inviterende. Det skulle vi lave uden at gå på kompromis med råheden.

MBH Arbejdet med bygningsarvens æstetik, de materialer og potentialer, transformationen rummer, bliver fremtiden. Det at bygge nyt vil man ikke gøre i så høj grad, som man gjorde tidligere.

MT Hvorfor smide noget ud? Det er en tilgang, der virkelig har ændret sig på nogle år. Vi tænker, at vi med et projekt som Maltfabrikken skal forsøge at undgå at smide det ud, som kan bruges. Hvad kan vi så bruge det til? Den måde at arbejde med materialer og arbejde med arkitektur på er en ny position. Man bygger videre på noget, man har fået lov at låne. Og efter os kommer der andre og bygger videre på det, vi har lavet. Vi er ikke de sidste, der skal bygge på det sted.

KLW Hvordan udpeger og finder I de arkitektoniske elementer, som I vil bevare, og som rækker ud over vores tid, både bagud og fremad? Der ligger en større fortælling, som I ønsker at fremkalde gennem transformationen?

MBH Det handler langt hen ad vejen om at styrke det prunkløse og det pragmatiske. Vi arbejder meget ofte med projekter, der fletter sig ind i den historie, der er. Det handler meget om, at arkitekturen kan skabe stemninger og sansninger, der skaber en interessant ramme om hverdagslivet. Min studiegruppe var inspireret af det, man kan kalde den analoge arkitekturbølge i 90'erne, der på en måde gennemsyrer vores arbejde med figurer som Aldo Rossi som et ledemotiv.

KLW Der er noget monumentalt og noget ceremonielt over Maltfabrikken. Jeg synes, det er et mildt indbydende hus, en form for venlig monumentalitet. Den røde gennemgående farve gør, at Maltfabrikken fremstår som en figurgruppe, man bevæger sig rundt mellem nogle veldefinerede volumener. Er det ceremonielle noget, I arbejder med bevidst?

MBH Det er ikke noget, vi diskuterer, når vi arbejder. Men det er rigtigt, at det både er ydmygt og ret voldsomt.

KLW Maltfabrikken har en meget skulpturel måde at stå på, en meget varm, sanselig materialitet, der tydeligt fremhæver de kvaliteter, huset rummer.

MT Vi tager den gamle bygning meget alvorligt, tager det meget seriøst, at den har stået der i årtier og været et samlingspunkt for mange mennesker. Det skal bringes frem i projektet, og samtidig må vi erkende, at det selvfølgelig er en meget omfattende ramme for alle de mennesker, der i dag lever og arbejder i Ebeltoft. Vores opgave var at binde historien sammen og lave et projekt, der både imødegår de lokale behov, og er en del af en historisk fortælling. Maltfabrikkens arkitektur forsøger at udleve den ambition.

because a cultural venue must be transparent, receptive and inviting. We had to do this without compromising on its structural coarseness or roughness.

MBH The task of upholding the aesthetics of the architectural heritage, the materials and the potential inherent in the transformation is for the future. From now on, we're not going to be building new structures to the same extent that we have done up to now.

MT Why throw something away? This is an approach that has truly changed in just a few years. In a project such as Maltfabrikken, we believe that we must try to avoid discarding anything that can be used. And then decide how we can use it. This method of processing materials and architecture is a new approach. Building on something we're privileged to borrow. And others will come after us and build on what we've made. We're not the last to build something on this site.

KLW How do you select and find the architectural features you want to preserve and that transcend our era, looking both to the past and to the future? Is there an underlying narrative you wish to evoke through this transformation?

MBH To a large extent, it's about enhancing the unostentatious, pragmatic qualities. We frequently work on projects that are interwoven with the history embodied in the structure. This largely involves enabling the architecture to create moods and sensations that establish an interesting setting for everyday life. My study group was inspired by what was called the 'analogue architectural wave' in the 1990s, which in a way permeates our work involving figures such as Aldo Rossi as a leitmotiv.

KLW There is a monumental, ceremonial quality about Maltfabrikken. I think it's a gently receptive building, exuding a friendly monumentality of sorts. The recurring red colour makes Maltfabrikken appear as a group of figures. You move through and around some well-defined proportions. Do you intentionally incorporate ceremoniousness into your work?

MBH It's not something we discuss as we work. But you're right, it's humble and imposing at the same time.

KLW Maltfabrikken has a sculptural appearance, exuding a warm, sensual, textural quality that clearly accentuates the qualities housed inside.

MT We take the old building very seriously: it's been standing there for decades, serving as a focal point for many people. The project must capture this. At the same time, however, we must recognise that it obviously serves as an all-inclusive setting for all the people who live and work in Ebeltoft today. Our job is to interconnect this history and make a project that meets local needs and is part of a historical narrative at the same time. Maltfabrikken's architecture seeks to manifest this ambition.

Adam Becher

Det var omkring 1994. Vi var 14 – 15 år gamle og hørte Nirvana, Rage Against The Machine og Red Hot Chilli Peppers. Vi, der var fra Mols, var så småt begyndt at gå i byen i Ebeltoft. Vi stod mest uden for caféer og barer, sådan lidt i baggårdene. I en af baggårdene var Maltfabrikken – det allermest interessante og farlige sted at være. Man skulle kravle ind gennem en lang mørk gang under spiresalen og endte oppe i hovedbygningen. Der var farlige huller, man kunne falde ned i, men samtidig var det fucking fantastisk. Vi snakkede om, hvad man kunne lave derinde: optage musikvideoer, lave bandfotos… Mest af alt husker jeg Punker Niels fra Mesballe. En virkelig herlig fyr. Han var et forbillede for mange af os, fordi han havde hanekam, sort lædertøj og militærstøvler. Lige så tydelig hans spike-hanekam var, lige så kærlig og varm var han… what a time!

It must have been around 1994. We were 14 or 15 years old and listened to Nirvana, Rage Against the Machine and the Red Hot Chilli Peppers. Those of us who came from Mols were starting to party in Ebeltoft. Mostly we just stood outside cafés and bars, and sometimes in courtyards. One of these courtyards was at Maltfabrikken – the most exciting and dangerous place of all. We had to crawl in through a long dark corridor under the germination room, ending up somewhere in the main building. There were dangerous holes you could fall through, but it was freaking fantastic. We talked about what could be done in there: film music videos, take band photos… My fondest memory is of 'Punker Niels' from Mesballe. A really wonderful guy. He was a role model for many of us, because of his Mohawk, black leather clothes and army boots. His outrageous spike Mohawk was the antithesis of what an affectionate, warm guy he was… what a time!

Alle fotos All photos Esben Zøllner Olesen

OG PATTER!
KILL TIME
SIDNEY LEE & OPAL

Foto Photo Dennis Serup Voigt Kristensen

Foto Photo Dennis Serup Voigt Kristensen

Alle fotos All photos Dennis Serup Voigt Kristensen

Alle fotos All photos Dennis Serup Voigt Kristensen

Alle fotos All photos Dennis Serup Voigt Kristensen

Foto Photo Dennis Serup Voigt Kristensen

EN LEVENDE HAVE FOR IDÉER
A LUSH GARDEN OF IDEAS

BIRGITTA PERSON
GENERALSEKRETÆR
SECRETARY GENERAL
TRANS EUROPE HALLES
2005–2017

Foto Photo Ana Caroline de Lima

I min have vokser en sjælden plante. En græskarplante, som hedder Delica Pumpkin. Græskarrets indre har nuancer af lyserødt og abrikosfarvet, og smagen minder om hasselnødder, mild sødme og noget, jeg ikke har ord for. Det er min ven Ada, der har sendt mig frøene med beskeden: "Dette er en lokal græskarsort fra Verona, Italien. Lad os se, hvad der sker, når vi putter frøene i jorden. Du i Norden, og jeg i Syden."

Jeg lærte Ada at kende gennem det internationale netværk for kulturhuse, Trans Europe Halles. Gennem årene har vi set hinanden på netværkets møder, som har fundet sted i spændende kulturhuse rundtom i Europa. Netværket blev grundlagt tilbage i 1983 af et antal engagerede kulturbevægelser i det nordvestlige Europa, som ville tilbyde noget andet end den etablerede finkultur, og som så et potentiale i lokale forladte industribygninger. Da dette ofte var kontroversielt i deres lokalområde, søgte de støtte og inspiration på tværs af landegrænser. Siden dengang er netværket vokset år for år, og i dag har det over 100 medlemmer i 36 lande.

Maltfabrikken har været aktiv medlem gennem flere år. I kampen for at skabe opbakning til at ombygge og udvikle Maltfabrikken var det naturligt at undersøge, hvilke erfaringer der fandtes i andre lande. Maltfabrikkens idé er så enestående i Danmark, at der var brug for at søge i en bredere kreds for at finde eksempler på en satsning på kultur og entreprenørskab i samme størrelsesorden. Hvad der gør Maltfabrikkens ambitioner endnu mere unikke, er, at Ebeltoft er langt fra storbyens infrastruktur af institutioner, innovationsstøtte og inkubatorer.

Ved at søge ud i verden er Maltfabrikken blevet inspireret, udfordret og bekræftet.

Man har taget idéfrø med sig hjem og set, hvad der sker, når man planter dem i sin egen jord, i sit eget klima. Og nu sender man idéfrø og stiklinger, som har spiret i jorden ved Mols, til andre steder, som vil se, hvad der sker, når man sår maltfrø dér.

På den vis har Maltfabrikken gjort Ebeltoft til et unikt sted; en levende have for idéer, kreativitet, fællesskab og muligheder. Maltfabrikkens bærende idé om kærligheden til fællesskabet er det, der giver næring til haven. På Maltfabrikken får du plads, særligt hvis du har noget på hjerte. Du behøver ikke at kunne alt, du kan få hjælp fra andre i din søgen. På Maltfabrikken er det indlysende, at viden er noget, man deler. Som bekendt er viden en rigdom, der bliver større, når man deler den, men mindskes, når man holder den for sig selv. Det er derfor, jeg passer og plejer Adas græskarfrø. Jeg sår, vander og gøder. Når sensommeren kommer, og jeg høster, er det lille frø fra det nordlige Italien blevet til mange flere i min nordiske have.

A rare member of the pumpkin family grows in my garden – Delica Pumpkin. Its guts exude shades of pink and apricot, and the taste is reminiscent of hazelnuts, mild sweetness and something else I can't put my finger on. It was my friend Ada who sent me the seeds with the message: "This is a local variety of pumpkin from Verona, Italy. Let's see what happens when we plant them. You in Scandinavia and me in Italy."

I got to know Ada through the international Trans Europe Halles network for cultural centres. Over the years, we had met at the networking meetings held at the exciting cultural centres in various European cities. The network was founded back in 1983 by a number of enthusiastic cultural movements in north-west Europe who wanted to offer something other than established highbrow culture, and they had visions for potential venues in abandoned industrial buildings. As this was frequently a source of controversy in their local communities, they sought support and inspiration across national borders. Since then, the network has grown year by year, and now it has more than 100 members in 36 countries.

Maltfabrikken has been an active member for several years. During the struggle to gain support to rebuild and develop Maltfabrikken, it seemed only natural to study the lessons learnt in other countries. Maltfabrikken's concept is so unique in Denmark that it was necessary to go abroad to find a wider range of examples of cultural and entrepreneurial ventures of the same magnitude. Another factor that makes Maltfabrikken's ambitions even more unique is that Ebeltoft is situated far away from the big-city infrastructure of institutions, innovation subsidies and incubators.

By seeking inspiration abroad, Maltfabrikken was inspired, challenged and confirmed.

It took the conceptual seeds back home to see what would happen if they were planted in one's own soil and climate. And now Maltfabrikken is propagating its own conceptual seeds and seedlings, germinated in east Jutland soil, and sending them to other venues to see what will happen when 'Malt' seeds are planted there.

In so doing, Maltfabrikken has made Ebeltoft into something unique: a lush garden of ideas, creativity, communities, opportunities and possibilities. Maltfabrikken's principal idea of love of community fertilises the garden with nutrients. There is space for you at Maltfabrikken, especially if you have a heartfelt longing to do something. You don't have to be able to do everything yourself: you can get help from others in your endeavours. At Maltfabrikken, it is obvious that knowledge is something one shares. As we all know, knowledge is a treasure that grows when shared, but shrinks when kept for oneself. That's why I tend and care for Ada's pumpkin seeds. I plant, water and feed them. When late summer arrives and I harvest the results, this tiny seed from northern Italy will have multiplied many times over in my Nordic garden.

Alle fotos All photos
Courtesy of the artists, Daniel Serafimovski, Nada Prlja

I september 2017 boede kunstnerduoen Nada Prlja og Daniel Serafimovski i den gamle villa ved Maltfabrikken. Under deres ophold forvandlede de en række ubrugte lokaler i fabrikken, lageret, villaen og værkstedet til en totalinstallation under titlen Strategies of Undoing.

Med udgangspunkt i materialer og objekter indsamlet det omkringliggende landskab skabte de en række enkeltinstallationer, som på forskellig vis stillede kritiske spørgsmål til fabrikkens forestående transformation fra industribygning til kulturcenter.

In September 2017, the artist duo Nada Prlja and Daniel Serafimovski were resident in the old house next to Maltfabrikken. During their stay, they transformed a number of unused premises in the malt house, warehouse and workshop buildings into a total installation entitled 'Strategies of Undoing'.

Based on materials and objects collected in the surrounding landscape, they created a number of separate installations which, in different ways, raised critical questions about Maltfabrikken's impending transformation from an industrial building complex into a cultural centre.

Nada Prlja er fra Makedonien og arbejder med installationer, performance og stedsspecifik kunst, som omhandler tematikker som transition, migration og politik. Daniel Serafimovski er født og opvokset i Danmark og er lektor på London Metropolitan University, hvor han blandt andet underviser i arkitekturhistorie og teori. Hans arbejde udforsker territoriet mellem kunst og arkitektur. Siden 1998 har Nada Prlja and Daniel Serafimovski boet i London. I 2014 startede de det uafhængige kunst- og arkitekturprojektrum Serious Interests Agency (SIA).

Nada Prlja is from North Macedonia and her work involves installations, performance and location-specific art dealing with themes such as transition, migration and politics. Daniel Serafimovski was born and raised in Denmark and is now a senior lecturer at London Metropolitan University, where he teaches subjects including architectural history and theory. His works explore the territory where art and architecture converge. Nada Prlja and Daniel Serafimovski have resided in London since 1998. In 2014, they founded the independent art and architecture project space 'Serious Interests Agency (SIA)'.

SRAT-
EGIES
OF
UN-
DOING

Disappearance, Nada Prlja, 2017
Spray on wall, wrapping paper

ERACT

Detail Fragments for Tower House, Daniel Serafimovski, 2017
Brick wall fragments in various sizes, 8 x 8 x 0.2 m

Maltfabrikken Herbarium, Nada Prlja and Daniel Serafimovski, 2017
Plants collected around Maltfabrikken

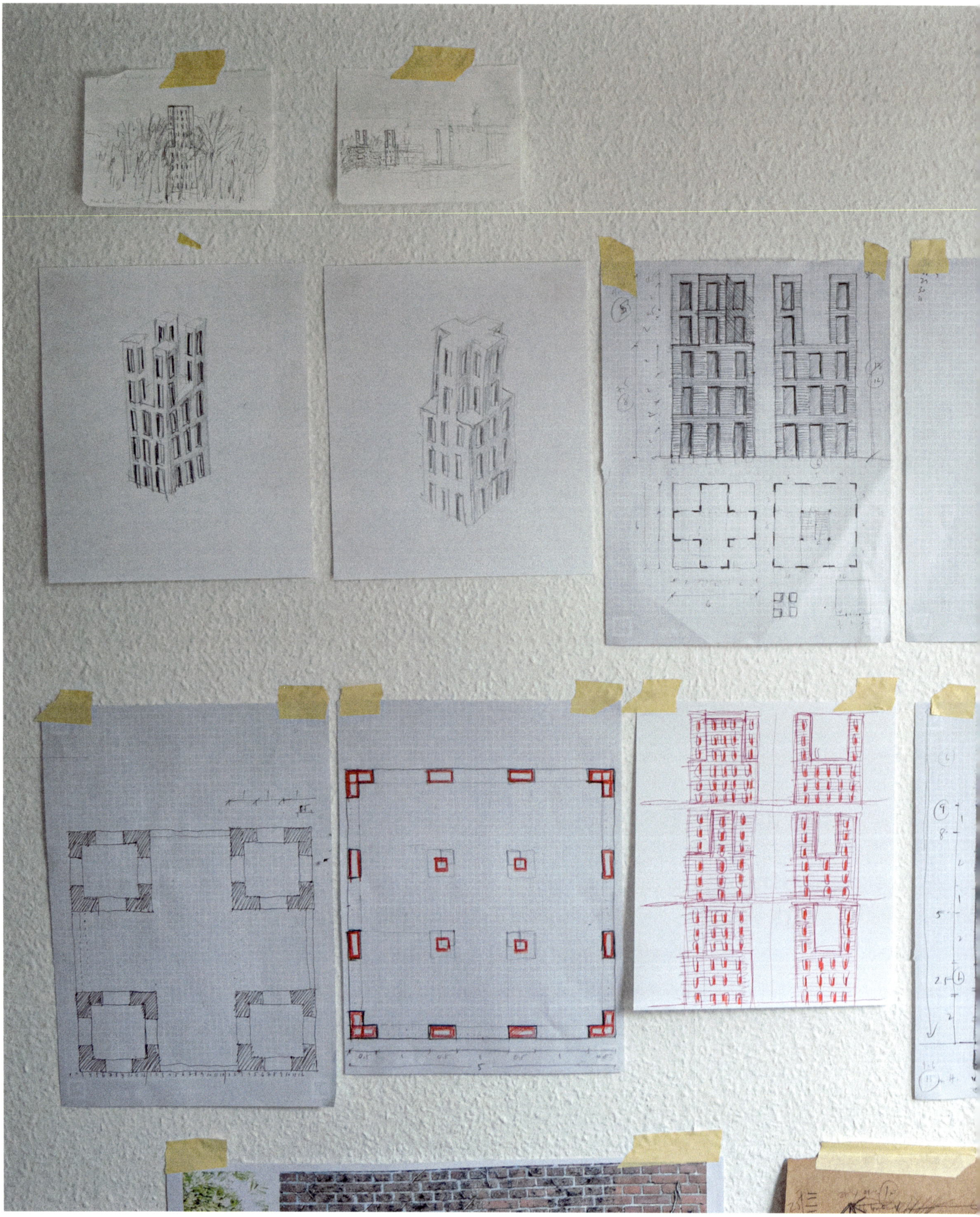

Sketches for Brick Tower Houses, Daniel Serafimovski, 2017
Series of drawings in various techniques, 5 x 2 m

Maltfabrikken Herbarium I, Nada Prlja and Daniel Serafimovski, 2017
Ready made, Flower boxes lids, 5 x 1 m

DA VILLAEN VÆLTEDE
WHEN THE HOUSE COLLAPSED

Alle fotos All photos
Vibeke Wang

hej HEJ Hey HELLO HEJSA

Der lå en ældre villa, der hvor Maltfabrikkens Villa Lundberg ligger nu. Villaen var udtjent og dømt til nedrivning, men så længe den stod der og ventede, blev den stillet til rådighed for skiftende kunstnere, der kom og residerede på Maltfabrikken med deres projekter. Billedkunstnere, musikere og filmfolk rykkede ind og ud.

Så flyttede et sidste kunstnerpar ind kort før nedrivningen, og villaen blev sammen med hele fabrikken indlemmet i det værk, de skabte på stedet. Den ene af kunstnerne, som også var arkitekt, nummererede omhyggeligt alle villaens synlige mursten fra sokkel til gavl, som man gør det med historiske bygninger, der skal flyttes og genopføres.

Villaen skulle ikke genopføres. Villaen skulle vige pladsen for det forestående byggeri, men som forhenværende kunstnerhus og til dels kunstværk, skulle den pensioneres i kunstens tegn med sin helt egen fest. Tanken var god. Tanken var, at villaen skulle ende sine dage som Gesamtkunstwerk, udsmykket i samskabelse af kreative mennesker i Maltfabrikkens store netværk – og hvem der nu ellers havde lyst til at komme og være med.

An old house once stood where Maltfabrikken's Villa Lundberg is now situated. The old house was worn-out and scheduled for demolition, but as long as it stood there waiting, it was placed at the disposal of a rotation of artists residing at Maltfabrikken with their projects. Painters, musicians and filmmakers moved in and out.

Finally, the last pair of artists moved in shortly before demolition, and they incorporated the house – along with the entire malt house complex – into the work of art they created at the site. One of the artists, who was also an architect, meticulously numbered all its visible bricks from foundation to gable, which is usually done for historical buildings that are to be re-sited and rebuilt.

The house was not going to be rebuilt. The house had to give way to the approaching building project, but as a former artists' house and a work of art as well, it had to be put out to pasture in the spirit of art and celebrated with its very own party. The intentions were good. The plan was to have the house end its days as a Gesamtkunstwerk, decorated in a co-creation by creative people from Maltfabrikken's vast network – and whoever else felt like coming to join in.

Der var mange, som havde lyst til at være med, og set i bakspejlet skulle begivenheden nok ikke have været annonceret som 'Vælt Villaen'. I stedet for de forventede 25-30 gæster, dukkede over hundrede mennesker op, heriblandt en vild og parat horde fra filmhøjskolen. En del af dem viste sig at være kommet for at vælte villaen. Helt bogstaveligt.

De var ikke kommet for at male på ophængte lærreder og inden for markerede streger på udvalgte vægge. De var kommet for at gå all in og ud over kanten, til lyden af splintret træ og smadret glas. Indbyggede skabe blev vristet fri af skruer og hængsler. Spraymalingen flød frit og vildt, også ud over gæsternes sko, tasker og tøj. En stol røg gennem en rude. Politiet kom.

Der er dem, der siger, at kunst skal kendes på sit erkendelsespotentiale. Men da villaen væltede, var det nok en anden form for erkendelse, der stod tilbage. Villaen, der havde levet et stille liv ved siden af Lundbergs Maltfabrik, fik et heftigt otium. Og Maltfabrikken holder aldrig mere en fest under titlen 'Vælt villaen'.

Many people had wanted to take part, and in hindsight, the event probably shouldn't have been advertised as 'Tear the House Down'. Instead of the anticipated 25–30 guests, more than a hundred people showed up, including a wild and ready horde from the film college. It turned out that quite a number of them had indeed come to 'tear the house down'. Literally.

They hadn't come to create paintings on suspended canvases or within marked off lines on selected walls. They had come to go all in – and beyond – to the sounds of splintering wood and shattering glass. Built-in cabinets had their screws and hinges ripped out. Spray paint was applied with reckless abandon, also on guests' shoes, bags and clothing. A chair went flying through a window. The police arrived.

There are those who say that art must be recognised by its acknowledgement potential. But when the house collapsed, a different type of acknowledgement was probably left in its wake. The house that had lived a quiet existence next to Lundberg's malt house was given a violent retirement party. And Maltfabrikken will never hold another one entitled 'Tear the House Down'.

ART IS
NOT
NON

LIFE
Bonjour

ANASTASIA SAVINOVA
COLLAGE
2017

Gustav Tipsmark

Da jeg var dreng, og Maltfabrikken var i drift, var der en sand strøm af lastbiler ind under siloerne. De kom på mærkelige tidspunkter, også for eksempel lørdag morgen, når man var på vej hjem fra byen. Så var der lys på, og man kunne høre, når de åbnede for spjældet, og det væltede ned med malt. Det hørte med til lyden af Ebeltoft. Efter lukningen, da siloerne ikke blev brugt til noget, kunne man godt gå derop, hvis man var lidt modig. Der var jeg oppe og kysse min kæreste – hende, som jeg har børn med i dag. Det var smukt, når man stod deroppe og kunne se hele vejen ud over landskabet, men der var også fyldt med duelort, det var mindre romantisk. Der var mange, der var glade, da siloerne blev revet ned, men der var også mange, som var kede af det, fordi de havde haft en masse idéer til, hvad de siloer skulle bruges til. Man havde en idé om, at de var umulige at fjerne. Men i løbet af to dage var de væk.

When I was a boy and Maltfabrikken was still operating, there was a steady flow of lorries under the silos. They arrived at odd hours of the day, like Saturday morning when you might be returning home from a night on the town. Floodlights were lit, and you could hear the damper opening and malt pouring into the lorries. It belonged to the sounds of Ebeltoft. After the closure, when the silos were no longer used for anything, you could climb up there, with a little courage. I was up there making out with my girlfriend, the same woman who is the mother of my children today. It was beautiful to be standing up there, looking out across the vast landscape, but being surrounded by all the pigeon droppings wasn't so romantic. A lot of people were pleased when the silos were torn down, but there were many who were disappointed too, because they'd had plenty of ideas for what they could have been used for. People had got it into their heads that it would be impossible to demolish them. But within two days they were gone.

Foto Photo Esben Zøllner Olesen

DE POSITIVE FORSTYRRELSER
POSITIVE DISRUPTION

VIBEKE WANG
KUNSTEN PÅ MALTFABRIKKEN
ART AT MALTFABRIKKEN

Nicholas Grafia, Josephine I (Fevers and Files), 2019
Painting, Acrylics and Tinting Paint on Canvas, 100 x 80 cm
Foto Photo Courtesy of the artist.

August 2019. Maltfabrikken var stadig en byggeplads, men gården havde været åben med bar og koncerter hen over sommeren. Sæsonens sidste event var to dages streetfoodfestival, før håndværkerne igen skulle tage over. Madboderne stod tæt i Maltgården med deres udvalg af tapas, curry, surdejsbrød og gårdbryg, og i udkanten af pladsen stod en mand og en kvinde og grillede köfte på små spyd over trækul. Deres grill var lavet af en gammel indkøbsvogn, og alle, der kom forbi, blev tilbudt en smagsprøve. Først når man fik den i hånden, opdagede man, at den var lavet af papmaché. Al maden i boden var lavet af pap.

Parret i boden var den brasiliansk-canadiske kunstnerduo Chico & Kadija, som var flyttet ind i Maltfabrikkens kunstnerresidens en uge tidligere. Duoen arbejdede med temaer, som udfordrede menneskers sociale normer i forhold til forbrug og ressourcer, og havde stillet sig selv det dogme, at de kun ville arbejde med materialer, som de kunne finde og genanvende. De store byggepladscontainere ved Maltfabrikken var nyttige i den sammenhæng. Det var dem, der havde leveret råvarer til boden med köfte, som nok var uspiselige, men som til gengæld gav næring til undren og samtale i mødet mellem kunstnerne og de forbipasserende.

Chico & Kadijas bidrag til Maltfabrikkens streetfoodfestival er et af de eksempler, som stadig dukker op, når vi taler om, hvad vi vil med kunsten på Maltfabrikken. Som et forstyrrende element med en skæv kommentar til vores virkelighed stod de der, midt i det hele, og ville i dialog med os. Deres kunstværk var ikke en köfte af pap, men et møde og en oplevelse, som man selv kunne træde ind i med sin undren og sine spørgsmål.

August 2019. Although Maltfabrikken is still a construction site, over the summer its courtyard was open with a bar and concerts. The final event of the season is a two-day food festival before the builders return to work. The food stalls are tightly spaced in the 'Malt Yard' (Maltfabrikken courtyard), serving a wide selection of tapas, curries, sourdough breads and microbrews and, at the edge of the space, a man and woman are grilling koftas on small skewers over charcoal. Their barbecue grill is made from an old shopping trolley, and samples are offered to everyone who passes by. Not until you actually hold one in your hands do you discover that the kofta is made of papier-mâché. And that all the food at the stall is made of cardboard.

The couple staffing the stall are the Brazilian/Canadian artist duo Chico & Kadija, who moved into Maltfabrikken's artist's residence a week earlier. The duo's works pursue themes that challenge people's social norms in terms of consumption and resources, and their works of art adhere to the dogma they only comprise materials which the artists can find and reuse. The big construction-site containers at Maltfabrikken are useful for this purpose. They provide a source of raw materials for the stall's koftas, which are obviously inedible but, on the other hand, are a source of wonder and conversation in the encounter between the artists and the passers-by.

Chico & Kadija's stall at Maltfabrikken's street food festival is frequently cited as an example when we discuss our artistic intentions for Maltfabrikken. As a disruptive element with bold comments on our reality, it rears its cheeky head and seeks to engage in dialogue with us. The work of art is not the papier-mâché kofta, but the encounter and the experience into which you can enter with wonder and curiosity.

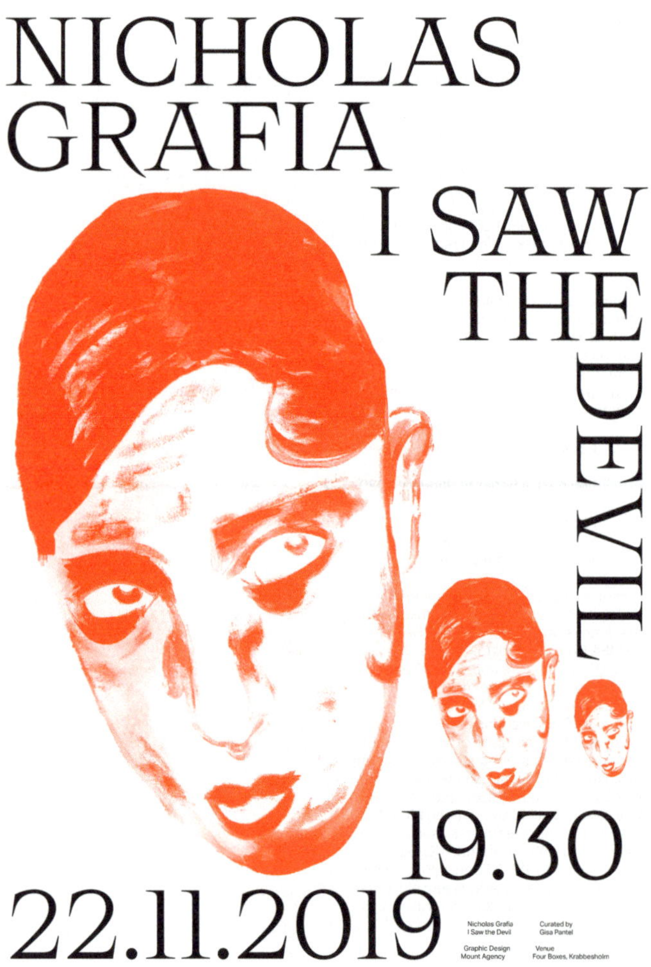

Plakat Poster Nicholas Grafia, Mount Agency

LOKALE NETVÆRK OG INTERNATIONALE AMBITIONER

LOCAL NETWORKS AND INTERNATIONAL AMBITIONS

Kunsten var en del af Maltfabrikken fra projektets tidligste start. Helt fra før der var realiseret midler til at købe fabrikken for, var drømmen, at Maltfabrikken skulle være et frirum for kunst, kreativitet og skaberkraft, et sted, hvor kunst og design kunne smelte sammen og indgå nye forbindelser, også med andre erhverv. Tidligt i processen opstod et netværk af kunstnere, kunsthåndværkere og kreative iværksættere omkring fabrikken. Samtidig bidrog Anders Byriel med sit store engagement i projektets opstart med visioner for Maltfabrikken som et hus med et internationalt kunstmiljø. Begge dele har haft afgørende betydning for udviklingen af Maltfabrikkens kunstprofil. Netværkets kultur dannede et frugtbart grundlag for lokale projekter, og de internationale ambitioner udmøntede sig i undersøgelser af, hvordan et artist residency på Maltfabrikken kunne se ud.

Frem til byggeprocessens start i 2018 lagde den hærgede fabrik rammer til udstillinger, installationer og eksperimenter, som krydsede grænserne mellem flere kunstgenrer. Med midler fra mikrofunding fik vi de første residenter i kunstnerophold i den gamle, nu nedrevne villa ved siden af fabrikken, og det lokale netværk spredte sig som ringe i vandet og tiltrak flere kunstnere, ikke kun fra lokalområdet. Samtidig foregik arbejdet med at udvikle det rette koncept for Maltfabrikkens kommende internationale artist residency.

Art has been part of Maltfabrikken from the very outset of the project. Even before funding to buy the Maltfabrikken complex was secured, we dreamt of Maltfabrikken as an autonomous free space for art, creativity and creative energy, a place where art and design could merge and forge new entities – even with other professions and trades. Early in the process, a network of artists, craft artists, artisans and creative entrepreneurs emerged around Maltfabrikken. At the same time, Anders Byriel – through his profound commitment to the project's start-up – articulated a vision for Maltfabrikken as housing an international artistic milieu. Both the network and the vision were essential to the development of Maltfabrikken's artistic profile. The network's culture laid a fertile groundwork for local projects, and the international ambitions led us to examine how an artist-in-residence programme at Maltfabrikken could appear.

Up to the beginning of the construction process in 2018, the devastated malt house served as the setting for exhibitions, installations and experiments that transcended the boundaries of multiple artistic disciplines. We used microfunding to establish the first artist residencies in an old bungalow, now demolished, adjacent to Maltfabrikken, and the local network spread like widening ripples, attracting more artists from within and beyond the local area. At the same time, we continued our efforts to develop the right concept for Maltfabrikken's forthcoming international artist residency.

Nicholas Grafia, Josephine II (New York Is Killing Me I), 2019
Acrylics and Tinting Paint on Canvas, 100 x 80 cm
Foto Photo Courtesy of the artist.

MALT AIR

Da Statens Kunstfond lancerede deres open call til et nyt internationalt artist residency, indgik vi et samarbejde med Statens Værksteder for Kunst og Kunsthal Aarhus. Sammen kunne vi imødekomme ønsket om et residency, som ville give kunstnerne ro til fordybelse, og som samtidig gav adgang til den danske kunstscenes netværk i København og Aarhus. På dette tidspunkt var der ikke mange uden for Syddjurs Kommune, der havde hørt om Maltfabrikken i Ebeltoft, så for os var samarbejdet med de to veletablerede aktører altafgørende. Statens Kunstfond modtog ti store ansøgninger fra nogle af de største institutioner i landet, og det vakte mildest talt en del overraskelse i det danske kunstmiljø, at Danmarks nye internationale artist residency skulle have base i Ebeltoft, af alle steder.

Sådan blev Maltfabrikken med residency-projektet Malt AIR operatør for Statens Kunstfond. Ved første open call modtog vi næsten 500 ansøgninger fra 84 lande, og i august 2019 ankom Nicholas Grafias fra Tyskland og flyttede som den første Malt AIR-kunstner ind i den kun lige omtrent færdige kunstnervilla.

Noget af det, der gør Malt AIR lukrativt for kunstnere, som kommer udefra, er, at vi påtager os at matche de enkelte kunstnere med netop de aktører på den danske kunstscene, som kan give den mest relevante sparring og hjælpe med at etablere det nødvendige netværk. Som kunstner på ophold, måske fra en anden verdensdel, kan det være et fuldtidsjob i sig selv at skulle navigere i en fremmed kultur. Derfor er det udvidede værtskab fra Statens Værksteder, Kunsthal Aarhus og Maltfabrikken dobbelt vigtigt. Dels åbner det nye døre for kunstnerne, dels betyder det, at de har mere tid og energi til deres research og kunstneriske praksis.

When the Danish Arts Foundation launched an open call for a new international artist residency, we started collaborating with the Danish Arts Workshops and Kunsthal Aarhus (modern art museum). Together, we worked out how to fulfil the wish for a residency programme that gives artists a peaceful setting in which to concentrate on their art and, at the same time, opens up access to Denmark's art scene networks in Copenhagen and Aarhus. Back then, few people outside Syddjurs Municipality had ever heard of Ebeltoft's Maltfabrikken, which made it paramount for us to join forces with these two well-established institutions. The Danish Arts Foundation received ten major applications from some of the biggest institutions in Denmark, and widespread astonishment, to put it mildly, was aroused in Denmark's artistic milieus when it was announced that Denmark's next international artist residency would be based in Ebeltoft, of all places.

That is how Maltfabrikken became an operator for the Danish Arts Foundation by virtue of its 'Malt AIR' residency project. At the first open call, we received almost 500 applications from 84 countries and, in August 2019, Nicholas Grafias arrived from Germany and moved into the nearly-finished artist residency house as the first Malt AIR artist.

One reason why Malt AIR is attractive to artists from abroad is that we undertake to match the individual artists with the right stakeholders on Denmark's art scene who can provide the most relevant feedback, mentoring and assistance in establishing the network they need. As an artist-in-residence, perhaps from another part of the world, navigating a foreign culture can be a full-time job in itself. This is why the widened hosting set-up – comprising the Danish Art Workshops, Kunsthal Aarhus and Maltfabrikken – is particularly important. Partly because it opens doors for the artists, and partly because it gives the artists more time and energy for their research and artistic endeavours.

Nicholas Grafia, I Saw the Devil, 2019, performance, 35 min
Kunsthal Aarhus, Aarhus, Danmark Denmark
Foto Photo Courtesy of the artist.

Julie Stavad, Hest, kriger, kvalme Horse, worrier, nausea, 2018
Foto Photo Dennis Serup Voigt Kristensen

En del af udstillingen a part of the exhibition, EFFEKT II
Mie Dinesen, Lise Dres, Signe Kirk

DEN POSITIVE FORSTYRRELSE
POSITIVE DISRUPTION

Set med danske øjne betyder et internationalt artist residency, at vi får nogle internationale vibes til den danske kunstscene og får mulighed for at bygge broer til kunstscener andre steder i verden. For Maltfabrikken og dens nære omgivelser er det at huse et internationalt artist residency med til at give det flow af mennesker, impulser, energi, inspiration og viden, som er så vigtigt for at holde miljøet omkring fabrikken levende og give de positive forstyrrelser, som kunsten kan give. Vi har intet krav om, at kunstnere i residens skal skabe noget stedsspecifikt, men vi lægger vægt på, at alle kunstnere i løbet af deres ophold giver mindst én arttalk, holder åbent studio eller på anden vis arrangerer noget, som giver mulighed, for at lokalbefolkningen kan møde dem og komme i dialog med dem. Vi vil være med til at afmystificere kunsten, kunstnerne og deres proces ved at skabe mulighed for uformelle møder, hvor man må spørge om hvad som helst og føre helt almindelige samtaler, hvor alle har mulighed for at lære noget.

Det er tydeligt, at den positive forstyrrelse går begge veje. Kunstnerne finder den i mødet med de lokale, og det er mere reglen end undtagelsen, at de kommer til at skræddersy dele af deres arbejde til Maltfabrikken, selvom det ikke har været forventet af dem. Det er en gensidig udveksling, som sker hele tiden, og vi er konstant i gang med at forstå, hvor vigtigt det er, og hvor meget det kan, at vi har den åbne dialog og det nære samarbejde, som opstår mellem kunstnerne og de lokale. Vi har en klar intention om at være et sted, hvor kunst er en del af hverdagen, og hvor man ikke skal stå på tæer for at nå op til den. Hvor der er plads til undren og nysgerrige spørgsmål, og hvor ingen skal føle sig dum.

From a Danish perspective, an international artist residency infuses Denmark's art scene with international vibes and gives us an opportunity to build bridges to art scenes elsewhere around the world. For Maltfabrikken and the surrounding environment, hosting an international artist residency generates a flow of people, impulses, energy, inspiration and knowledge that is crucial for maintaining the vitality of Maltfabrikken's milieu and providing the positive disruptions that art is capable of. We do not require artists in residence to create any site-specific works, but we emphasise that during their residency, each artist must deliver at least one art talk, host an open studio or otherwise organise an event that enables local residents to meet them and engage in dialogue with them. We want to help demystify art, artists and their process by providing an opportunity for informal encounters where it is possible to ask about anything at all and engage in ordinary conversations where everyone has an opportunity to learn.

Obviously, positive disruption goes both ways. Artists discover this in their encounters with local residents, and it is generally more the rule than the exception that they end up tailoring segments of their work for Maltfabrikken, even though we don't expect this. Mutual interaction and sharing are going on all the time, and we constantly endeavour to understand the importance and inherent potential of providing the open dialogue and close cooperation that arises between the artists and local residents. We clearly intend to be a venue where art is part of our everyday existence and where no one has to stand on their tiptoes to access it. Where there is room for wonder and inquisitiveness, and where no one feels stupid.

SILOER OG SAMSKABELSE
SILOS AND CO-CREATION

Før siloerne foran den gamle maltfabrik blev revet ned, var holdningen i byen, at det ville blive tæt på at umuligt at få has på de kæmpestore konstruktioner. Da det kom til stykket, var de væk i løbet af få dage. Samme skæbne ønsker vi over de siloer, som mange steder får lov at holde kunst, design, kunsthåndværk og andre kreative erhverv pænt adskilt. I Maltfabrikken bor internationale residenter side om side med lokale kunstnere, designere og kreative håndværkere og deler netværk med medlemmer af arbejdsfællesskabet og flere til. Samskabelse er en del af Maltfabrikkens livsnerve. Det var sådan, det hele begyndte, og det er måske endnu vigtigere at huske, nu hvor fabrikken er ude på den anden side af sin store transformation og står over for sit nye hverdagsliv. At vi skal blive ved med at blande os, dyrke de positive forstyrrelser, de åbne spørgsmål og den daglige undren – alt det, der trives bedst, når vi ikke kun leger med dem, der ligner os mest.

Before the silos in front of the old malt house had been demolished, the prevailing attitude in the town was that it would be almost impossible to tear down these enormous structures. But when all was said and done, they were gone within a few days. We desire the same fate for the silos that are allowed to keep art, design, craft art and other creative professions nicely separated. At Maltfabrikken, international artists in residence live next door to local artists, designers and creative artisans and share networks with members of the M8 co-working community and others besides. Co-creation is an intrinsic element of Maltfabrikken's driving force. That was how it all began, and it is perhaps more important than ever to remember this, now that Maltfabrikken has made it to the other side of its enormous transformation and stands on the cusp of its new everyday life. We must continue to interfere, cultivate positive disruption, open-ended questioning and daily wonder – all of which flourish best when we do not only interact with those who resemble us the most.

HVAD ER MALT AIR?
WHAT IS MALT AIR?

Det internationale artist residency-program Malt AIR blev lanceret i 2019 med støtte fra Statens Kunstfond. Bag Malt AIR står Maltfabrikken, Kunsthal Aarhus og Statens Værksteder for Kunst. Malt AIR henvender sig til professionelle, internationale kunstnere.

Malt AIR tilbyder kunstnerophold af tre måneders varighed med fri bolig og atelier i Maltfabrikkens kunstnerbygning. Kunstnere på ophold modtager et stipendium til dækning af leveomkostninger, materialer, og produktion.

Som en del af opholdet sørger Malt AIR for et individuelt tilrettelagt program, hvor den enkelte kunstner kan hente støtte til sin research og praksis og desuden bliver introduceret til relevante kunstfaglige personer og netværk inden for den danske billedkunstscene.

The international 'Malt AIR' artist residency programme was launched in 2019 with support from the Danish Arts Foundation. Maltfabrikken, Kunsthal Aarhus and the Danish Arts Workshops are behind Malt AIR. Malt AIR appeals to professional, international artists.

Malt AIR provides an artist-in-residence programme lasting three months with free housing and an atelier in Maltfabrikken's artists' building. Artists participating in the programme receive a grant to cover their living expenses, materials and production.

As part of the residency, Malt AIR undertakes to organise an individualised programme, in which each artist can obtain support for his/her research and practice and be introduced to relevant art-related individuals and networks within Denmark's visual arts scene.

Plakat Poster Chico Togni, Kadija de Paula, Mount Agency

037318 Steps

Kelani Abass

Statens Kunstfond · DANISH ART WORKSHOPS STATENS VÆRKSTEDER FOR KUNST · Kunsthal Aarhus · MALTFABRIKKEN · Malt AIR

Alle fotos All photos Siri Nanthana Skødt Westergaard

Siri Nanthana
Skødt Westergaard

Min veninde og jeg plejede at hænge ud i Maltfabrikken. Vi besøgte stedet for at tage billeder, da vi godt kunne lide det lidt 'trashy look', som det havde. Vi gik i gymnasiet og syntes, det var lidt sejt at hænge ud på maltfabrikken og ryge cigaretter og drikke øller i smug.

My girlfriend and I used to hang out at Maltfabrikken. We visited the place to take pictures, because we liked its trashy look. We were going to upper secondary school at the time and thought it was cool to hang out at Maltfabrikken, furtively smoking cigarettes and drinking beer.

The Cloud's Song, Arken Museum, 2020
Foto Photo Simon Thordal

TANKER FRA DE SIDSTE DAGE AF ET KUNSTNEROPHOLD

THOUGHTS FROM THE LAST DAYS OF AN ARTIST RESIDENCY

Interview af by
Anne Märcher

Karolin Schwab, født i 1987 i Stralsund, Tyskland, bor og arbejder "i Berlin, i London og ved havet".

Uddannelse: University of Greifswald i 2008 – 2011, BA i Fine Arts fra University of East London 2011 – 2013, MA i Fine Arts fra University of Arts i Berlin hos Prof. Ai Weiwei 2014 – 2016. Medlem af the Royal Society of Sculptors, London, UK

Karolin Schwab, born in 1987 in Stralsund, Germany, lives and works "in Berlin, in London and by the sea".

Education: University of Greifswald 2008 – 2011, University of East London, BA Fine Art 2011 – 2013, University of Arts, Berlin, master student of Prof. Ai Weiwei, MA Fine Art 2014 – 2016. Member of the Royal Society of Sculptors, London, UK

KAROLIN SCHWAB

Det er den 15. juni. Vejret er perfekt, og jeg er på vej væk fra Maltfabrikken efter at have været i kunstnerresidens her siden december sidste år. Jeg ankom til Ebeltoft lige før vintersolhverv, den mørkeste tid på året. Og nu, om tre dage, har vi årets længste dag. Så længe har jeg været her.

Jeg er skulptør og arbejder også med installations- og landskabskunst. Allerhelst arbejder jeg med kæmpestore udendørs installationer, som skaber forbindelser mellem det, jeg kalder indre og ydre landskaber. Som en undersøgelse af, hvad vi ser i et landskab, hvad det får os til at føle, og hvordan vi forbinder de to aspekter. Når jeg arbejder udendørs, forsøger jeg at sætte rammer op omkring tingene. Måske en cirkel, en linse, som fokuserer dit blik og får dig til at se på noget i et andet perspektiv. Jeg forsøger ikke at forklare verden gennem mine værker, men jeg kan foreslå en retning eller et perspektiv, og forhåbentlig ser du noget, du ikke har set før. Men du må selv gøre en indsats. Det gælder i grunden alle kunstværker.

Jeg tror, min særlige evne som kunstner er, at jeg kan reducere mig frem til en essens, hvor alt – form, farve, positionering, materiale – samles i ét udsagn, som står klart, uden at jeg behøver at sige noget. Resultatet fremstår minimalistisk, men vejen derhen er virkelig rodet og kaotisk. Det handler meget om at fjerne al unødvendig støj. Det er min evne og mit kunstneriske sprog. Hvad indholdet angår, udspringer det altid af en seriøs interesse, nysgerrighed eller følelse. Jeg siger gerne, at i mit atelier er jeg et meget seriøst barn. Jeg tager legen dybt seriøst, for leg involverer så megen kreativitet og så meget potentiale. Vi har alle sammen adgang til det som børn. Men vi mister det, efterhånden som vi bliver ældre, medmindre vi inviterer det. Jeg tror, det er der, meget af mit arbejde starter, fra legen, fra det ubekymrede. Og ofte viser der sig så en åbning ind til noget virkelig betydningsfuldt.

Jeg kan lide at lave store ting. Jeg har nok et rigtig stort ego – haha, men jeg holder også af at arbejde i de store formater, fordi jeg virkelig gerne vil involvere folk. Jeg ønsker at invitere dem ind i værket. Jeg elsker at forestille mig, hvordan du vil bevæge dig i forhold til skulpturen, måske får du lyst til at sidde inde i den. Når du har den her store ting foran dig, er der allerede skabt en relation mellem dig, det lille menneske og den store skulptur.

Karolin Schwab, Berlin, Tyskland Germany, 2020
Foto Photo Fee Holmig

It is June 15th, 2020. The weather is perfect and I am about to leave Maltfabrikken after being in artist residency since December last year. I arrived in Ebeltoft at the darkest time of the year, just before winter solstice. And now in just three or four days we'll have the longest day of the year. That is how long I have been here.

I'm a sculptor and I also work with installation art and with land art and landscape. The one thing that I love the most is making huge outdoor installations – land art – that kind of make a connection between what I call inner and outer landscapes. Like an investigation of what we see in a landscape, how we feel about it, and how we connect those two aspects. When I work outdoors, I try to put a framework around something. Maybe a circle, a lens that focuses your view on something and makes you look at something in a different perspective. It's not that I try to explain the world with my work, but I can suggest a certain direction or perspective. And hopefully you will then see something that you haven't seen before. But you have to make the effort. Like with every piece of art, really.

I think my skill as an artist is to reduce things to an essence where everything – the shape, the color, the positioning, the material – align in one message that is clear without me saying anything. The outcome looks so minimal, but the process to get there is so messy and so chaotic. It has a lot to do with just stripping away all the unnecessary noise. That is my skill and my artistic language. And then the content, it always starts from a serious interest or a serious curiosity or feeling. I like to say, that in my studio I'm a very serious child and I'm very serious about playing, because I think in the moment of play there is so much creativity and so much potential involved. We all have it as children. But then it kind of fades away with age, unless we invite it. I think that's how a lot of my work start, from playing, this point of not worrying. And then often that seems to unfold into something that actually really matters.

I like making big things. I guess I have a really big ego – haha, but I also like working large because I really want to involve people. I want to invite them into the sculpture. I love to think of the ways you will move around the sculpture, maybe it makes you want to sit inside it. Like, if you have this big thing in front of you, it already kind of forms the relationship between you, the small human, and the big sculpture.

Echo Drawing, Karolin Schwab, 2020, akvarel på papir Watercolour on paper

MY FLOATING HOME OG DEM, DER HJÆLPER TIL

MY FLOATING HOME AND THE HELPING HANDS

Det er klart, at når man arbejder i det åbne landskab, er man oppe i meget stor skala. Det er altid en udfordring. Man må sikre sig, at ens værk er så stærkt, at det holder i forhold til alt det, der allerede er så smukt derude. Landskabet har ikke brug for kunst. Det er smukt, som det er. Men jeg tror, at vi mennesker nogle gange har brug for at lave ting, der fungerer som ankerpunkter, noget, der hjælper os med at relatere til vores omgivelser. Og det foregår udenfor.

Jeg kan lide de stille dage i atelieret, hvor jeg bare tegner, tænker og drømmer. Nogle gange kan jeg endda holde af at lave kedeligt kontorarbejde. Men det, jeg virkelig nyder, er dage, som her i Ebeltoft, hvor jeg fik en idé om at placere en rød kontur af et hus ude midt i vigen sammen med seks mennesker, som hjalp mig.

Det var i februar. Vandet var minus fem grader, eller sådan føltes det i hvert fald. Men det var så smukt. Den del af skulpturen bliver aldrig at se i det endelige resultat. Skønheden i processen. At vi tilbragte en dag sammen og lavede noget særligt, fordi hvorfor ikke? Og nu deler vi en smuk oplevelse, der ligesom gør skulpturen større end dens fysiske form.

Den færdige skulptur, My Floating Home, blev senere installeret i skulpturparken på Arken Museum i Ishøj.

Maltfabrikken har været et godt sted for den form for arbejde, fordi folk her er interesserede og hjælpsomme og åbne. Lige meget hvad jeg finder på, spørger de, hvornår og hvordan vi skal gøre det. Det betyder meget for mig med min form for kunstnerisk praksis. Jeg har brug for mange hænder til de store ting, jeg laver. Jeg er glad for, at jeg ikke tilbringer al min tid alene i atelieret, jeg holder af at være ude blandt andre mennesker. Så tilbringer man en dag sammen og måske kommer man til at tale sammen om værket. Og det lyder lidt stort at sige, at det ændrer menneskers liv, men det gør det. Nogle gange arbejder jeg sammen med håndværkere, som ikke er meget i berøring med kunst. Men når vi deler oplevelsen og arbejder sammen, lærer de måske noget ved at arbejde sammen med mig, på samme måde som jeg altid lærer noget af at arbejde sammen med dem.

Of course, when you work in the open landscape – the scale just is huge. It's always a challenge. You got to make sure that your work is strong enough to hold against what is already so beautiful out there. The landscape doesn't need art. It's beautiful as it is. But I believe that we as humans sometimes need to make these things that that work as a kind of anchor point or as something that help us relate to what is around us.

And that happens to be outside. I enjoy the quiet days in the studio, just drawing and thinking and dreaming. And sometimes I even enjoy the boring office work. But what I really like is days like here in Ebeltoft where I had the idea to place this red framework of a house in the middle of the bay, together with six people who helped me.

It was in February. The water was like minus five degrees, or at least that was what it felt like. But it was so beautiful. This is a part of the sculpture that you will never see in the end result. The beauty of the process. That we spent this day together doing something unusual because why not? And now we share this beautiful experience, that kind of extends the sculpture beyond its' physical form.

The sculpture, My Floating Home, is now displayed in the sculpture park by Arken Museum in Ishøj, Denmark.

This has been a good place for this kind of work because people here are interested and helpful and open. Whatever I come up with they ask when and how we are going to do it. That means a great deal for me with my kind of artistic practice. I need a lot of hands to make these big things. I like that I don't spend all my days alone in the studio, I like being out there with people. And then you have this day together and maybe you get to talk about the work. And it sounds a bit big to say, that it changes people's lives, but it does. Sometimes I work together with handymen or craftsmen who don't have much contact with art. But when we share this experience and work together, they might learn something from working with me, just like I always learn from working with them.

My Floating Home, Ebeltoft Vig, Ebeltoft Cove, 2020
Foto Photo Ida Mahler, Simon Thordal

ECHO OG DIALOGEN MELLEM DE TO SIDER

ECHO AND THE DIALOGUE OF THE TWO SIDES

Jeg har været heldig at være her om vinteren, hvor der ikke var nogen turister. Jeg havde haft et travlt år, og det var rart at komme til det her stille sted og bare gå langs stranden, frem og tilbage, frem og tilbage, og få en forståelse af stedet. I mit foregående projekt så jeg hele tiden ud på Østersøens horisont, forholdt mig hele tiden til det åbne rum, der leder ud i det ukendte på den anden side. Men her står man på den ene side af vigen og kigger over på den anden side, og man kan altid se land. Man kan ikke lade være med at opleve en form for forbindelse med den anden side. Den er altid til stede.

Når jeg taler med folk på Maltfabrikken, og når jeg møder nogen fra egnen, forstår de øjeblikkeligt, hvad jeg taler om, når jeg siger: "dialogen mellem de to sider". Mange mennesker her arbejder på den ene side af vigen og bor på den anden side, og i dagens løb har de måske noget, der skal ordnes herovre, eller de besøger en ven derovre. På en måde betyder det ikke noget, hvilken side af vigen man bor på, for man befinder sig samtidig på den anden side. Det er menneskene, der binder vigen sammen, men også vigen, der binder menneskene sammen. For mig har spørgsmålet været, hvordan man kan manifestere den følelse i en skulptur. Følelsen af at være fysisk forankret på den ene side af vigen, men at være på den anden side i tanken. Og jeg har tænkt på, hvor fint det ville være at have en skulptur, som faktisk befandt sig på begge sider af vigen, som en spejling eller et ekko.

I think I was lucky to be here in the winter when there were no tourists. I had just had a very busy year, and it was nice to come to this quiet place and to just walk along the beach, up and down, up and down, and really get an understanding of the place. In my recent project I was always looking at the horizon of the Baltic Sea and it was always this open space that leads into some kind of unknown beyond. But here you stand on one side of the bay and you look over to the other side and you always see a bit of land. You cannot help but somehow connect with the other side. It is always present.

When I was talking to the people in Maltfabrikken and when I met people in the area, they understood right away what I was talking about when I was saying "the dialogue of the two sides". A lot of people here are working on one side of the bay and living on the other side, and throughout the day, maybe you have business to do over here and then you visit a friend over there. In some way it doesn't matter where on the bay you live, because you are on the other side at the same time. It's the people that connect the bay, but also the bay that connects the people. To me, the question was how to manifest this feeling in a sculpture. This feeling of being physically anchored on one side of the bay, but being in thought on the other side. And I thought, how beautiful it would be to have a sculpture that is actually located on both sides of the bay, mirroring each other or echoing each other.

Echo – Ekko – er faktisk skulpturens titel. Forestil dig to kæmpestore kegler udført i cortenstål, meget store, tre meter i diameter. Man kan sidde inde i dem og være i læ for blæsten, som jeg, da jeg begyndte at arbejde med idéen, havde erfaret er meget insisterende her. Så man kan altså sidde derinde og se landskabet på den anden side af vigen indrammet i en smuk cirkulær ramme, være nogenlunde beskyttet mod vinden og i stand til bare at observere ... Måske vil man se lyset ændre sig i dagens løb, måske vil man bemærke, at det for en gangs skyld er vindstille. Måske vil vinden på nogle dage blæse gennem keglen, og den vil forstærke lyden af blæsten og give en auditiv landskabsoplevelse. Og man kan bare være derinde og tænke på den anden side og på, om der måske er nogen derovre, i den anden kegle. Det at bygge den slags bro i bevidstheden er sådan en smuk ting, som mennesket kan. At være ét sted og samtidig være et andet sted i tanken. Jeg ved ikke, om dyr er i stand til det, jeg kan ikke tale for dem, men jeg tror, det er det, der gør os til mennesker. At være i stand til at forlade sin krop og være til stede et andet sted.

Med coronapandemien har vi delt en ny slags oplevelse af at være adskilt, men sammen i tankerne. Og jeg har fået endnu et argument for, at kunsten skal ud i det fri, på offentlige steder, hvor vi kan komme til den når som helst. Jeg er en stor tilhænger af offentlig kunst. Kunsten skal ikke kun lukkes inde i gallerier og på museer, jeg mener, vi har brug for den som en del af vores hverdagsliv. Jeg føler, at jeg har endnu stærkere argumenter for det nu, efter at corona har gjort sit indtog, fordi vi alle har mærket fraværet af kulturens sanselige oplevelser: at gå til en koncert, at se en film sammen i biografen, at have kunsten lige foran en. Selvfølgelig er der foregået en masse fantastiske ting online, og det har været virkelig cool at se, hvor meget kreativitet der er kommet ud af det. Men på samme tid tror jeg, vi alle sammen har fået en dyb erkendelse af, at vi i bund og grund er meget analoge skabninger, og at vi ikke kan være særlig lykkelige i en rent digital verden.

Jeg håber, det lykkes at realisere Echo. Jeg tror, vi har et større behov end nogensinde før for at skabe nye centrale kultursteder, som giver os mulighed for at opleve kunst, og hvis det ikke kan ske på museer, må vi tage det et sted hen, hvor vi har adgang til det. Jeg tror også, at offentlig kunst kan gøre noget godt for den meget tiltrængte bevidsthed om, hvad der omgiver os. Ikke i dogmatisk forstand. Men hvis man befinder sig på et smukt sted og har en stor oplevelse i landskabet, vil man måske føle og tænke noget nyt om, hvad vi skal værdsætte i verden.

Jeg har lavet mange tegninger og masser af noter i mit værksted her, nok til, at jeg vil være opfyldt af det i lang tid, fordi jeg har haft tid og rum til at tænke. Nogle gange er det godt for en kunstner at være ubemærket. Jeg har haft perioder i min karriere, hvor det bare var den ene udstilling efter den anden, og så bliver man nødt til at lave nye værker, og det er, som om man bare producerer i ét væk. Man har ikke tid til at tænke over, hvad man egentlig laver, fordi der er sådan en efterspørgsel. Her har jeg haft tid til at være med de ting, jeg har lavet. De kommer helt klart fra et mere reflekteret udgangspunkt.

Echo Drawing, Karolin Schwab, 2020
akvarel på papir watercolour on paper

In fact, the title of the sculpture is Echo. Imagine two huge cones made from corten steel, very big, like three meters in diameter. You can sit inside them, and you will be protected from the wind, which I, by the time when I started working on the idea, had learned is very present here. So, you could sit in there, and you would have the landscape of the other side of the bay framed in this beautiful circle frame and be sort of sheltered and be able to just observe... Maybe seeing the light changing throughout the day, maybe noticing the wind that for once is still around you. Maybe on some days the wind will go through the cone and it will elevate the sound of the wind and give you an audible landscape experience. And you can just be in there and think about the other side, if maybe there is somebody on the other side, in the other cone. Building that bridge in the mind is such a beautiful thing that humans can do. To be in one place, but also, in thought, in another place. I don't know if animals can do that, I cannot speak for them, but I think this is maybe what makes us human. To be able to leave our bodies in a way and be present in another place.

With the corona pandemic we have shared another experience of being separated, but together in thought. And I have got yet another argument for bringing art out in the open, in the public spaces where we can be around it at any time. I am a strong believer in public art. Art should not just be locked away in galleries and museums, I think we need it as a part of our everyday life. I feel I have even stronger arguments for that now, after corona came into the world, because of how we all have felt the lack of cultural, sensual experiences: Going to a concert, seeing a movie together in the cinema, seeing art right in front of you. Of course, a lot of great things have happened online, and it has been really cool to see all the creativity that came from it. But at the same time, I think we all have understood very deeply, that we are in fact very analog beings and we cannot be very happy in an all-digital world.

I hope that the realization of Echo will really happen. I think we need more than ever to create new cultural central spaces that enable us to experience art, and if that cannot happen in the museums, then we've got to bring it to a place where we can have it.

I also think that public art can add a positive contribution to the much-needed awareness of what surrounds us. Not in a dogmatic way. But if you find yourself in a beautiful space and you have a great experience with the landscape, then you may feel and think something new about what we should value in our world.

I have made many drawings and I've written many notes in my studio here that will fill me for a long time, because I had time and space to think. It is good as an artist to sometimes be unseen. I've had times in my career where it was just show after show after show and you have to make new work and it's like you just produce all the time. You don't have time to think about what you're actually doing because there is such a demand for it. Here I have had the time to be with the things I have made. They definitely come from a more reflected point of view.

Echo, Karolin Schwab, 2019
Stål Steel, 80 x 85 x 20 cm
Foto Photo India Roper-Evans

Foto Photo Dennis Serup Voigt Kristensen

Alle fotos All photos Dennis Serup Voigt Kristensen

Alle fotos All photos Dennis Serup Voigt Kristensen

Foto Photo Jens Lindhe

Foto Photo Jens Lindhe

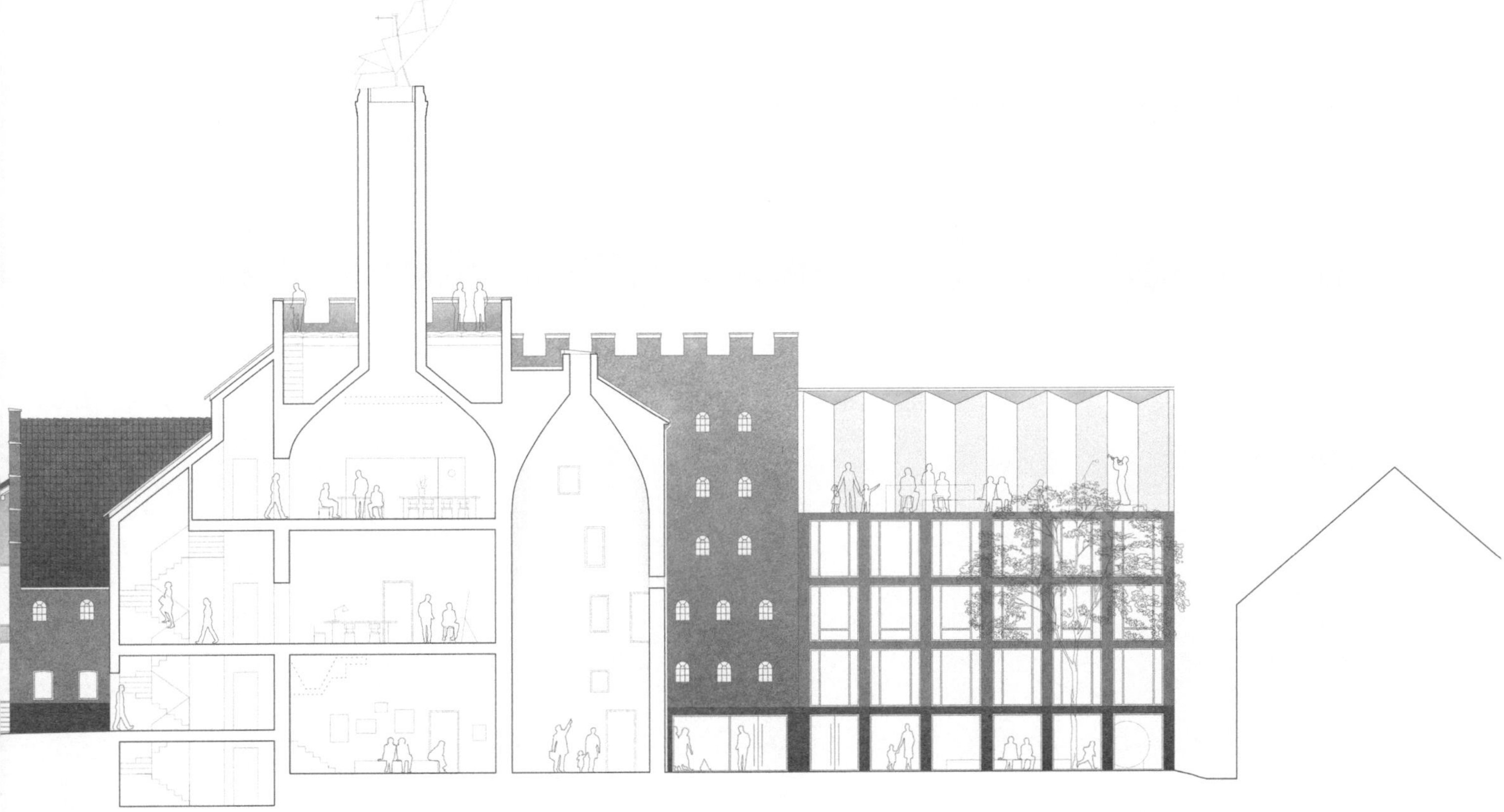

Maltfabrikken, snit Maltfabrikken cross-section, Praksis

Fabrikkens oprindelige udtryk er bevaret, og tilbygningerne nøje afstemt i farve og størrelse
The malt house's original style has been preserved, and the additions are closely matched in colour and dimension

Foto Photo Jens Lindhe

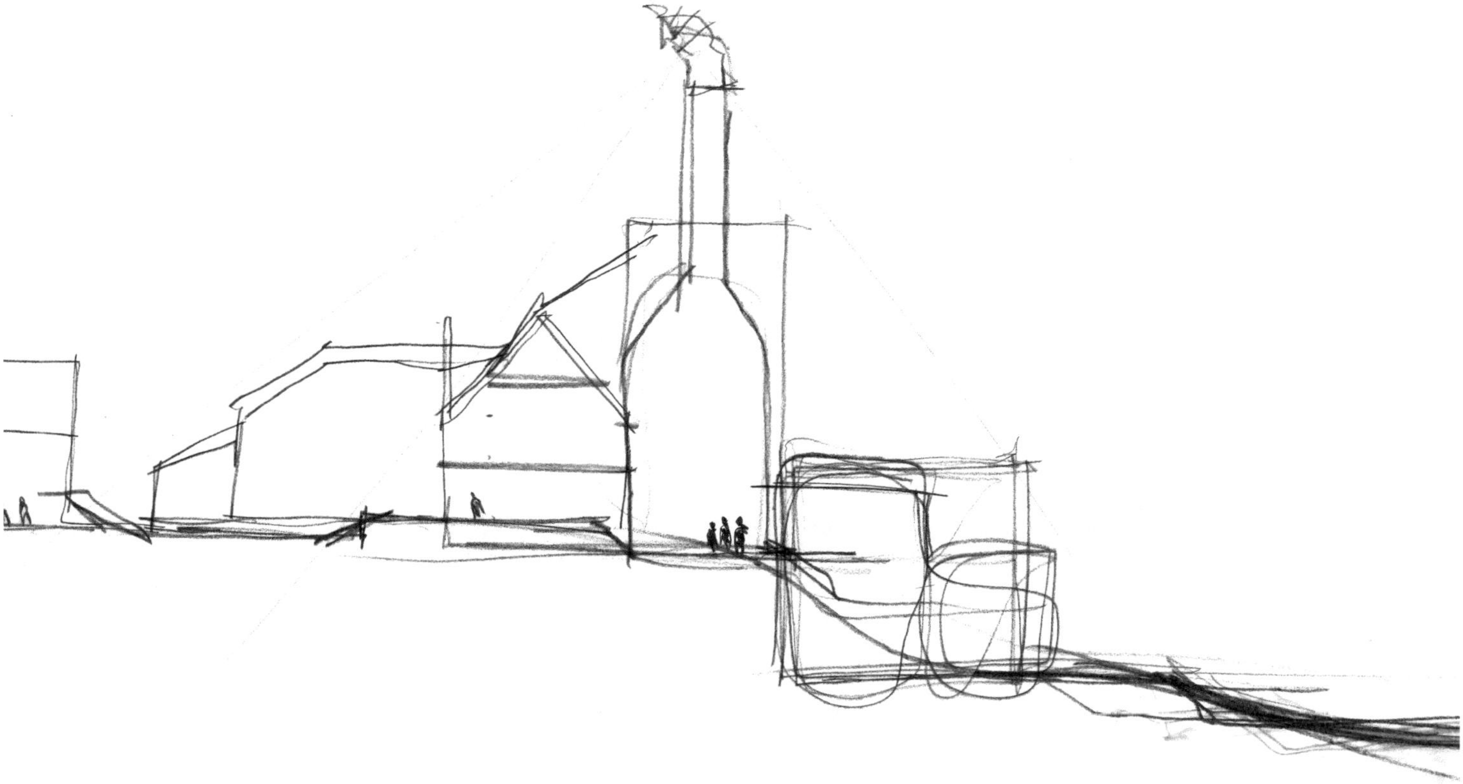

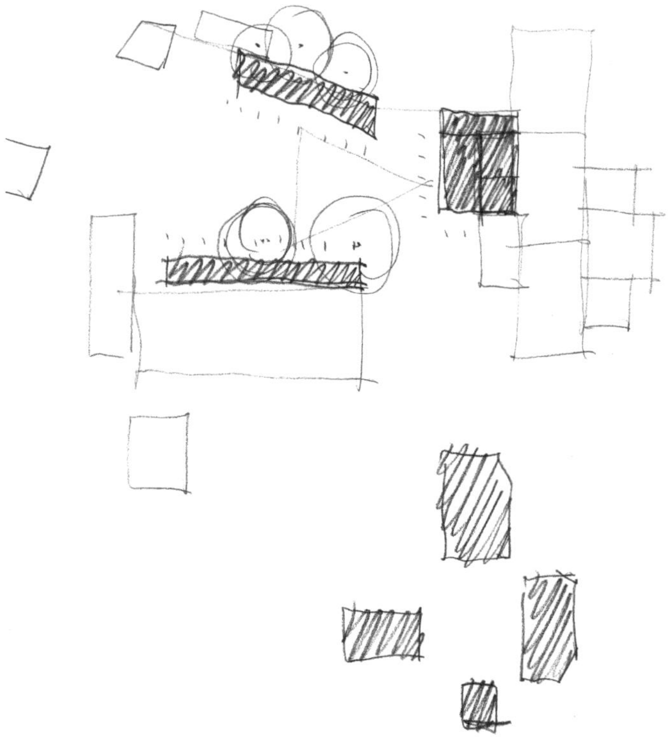

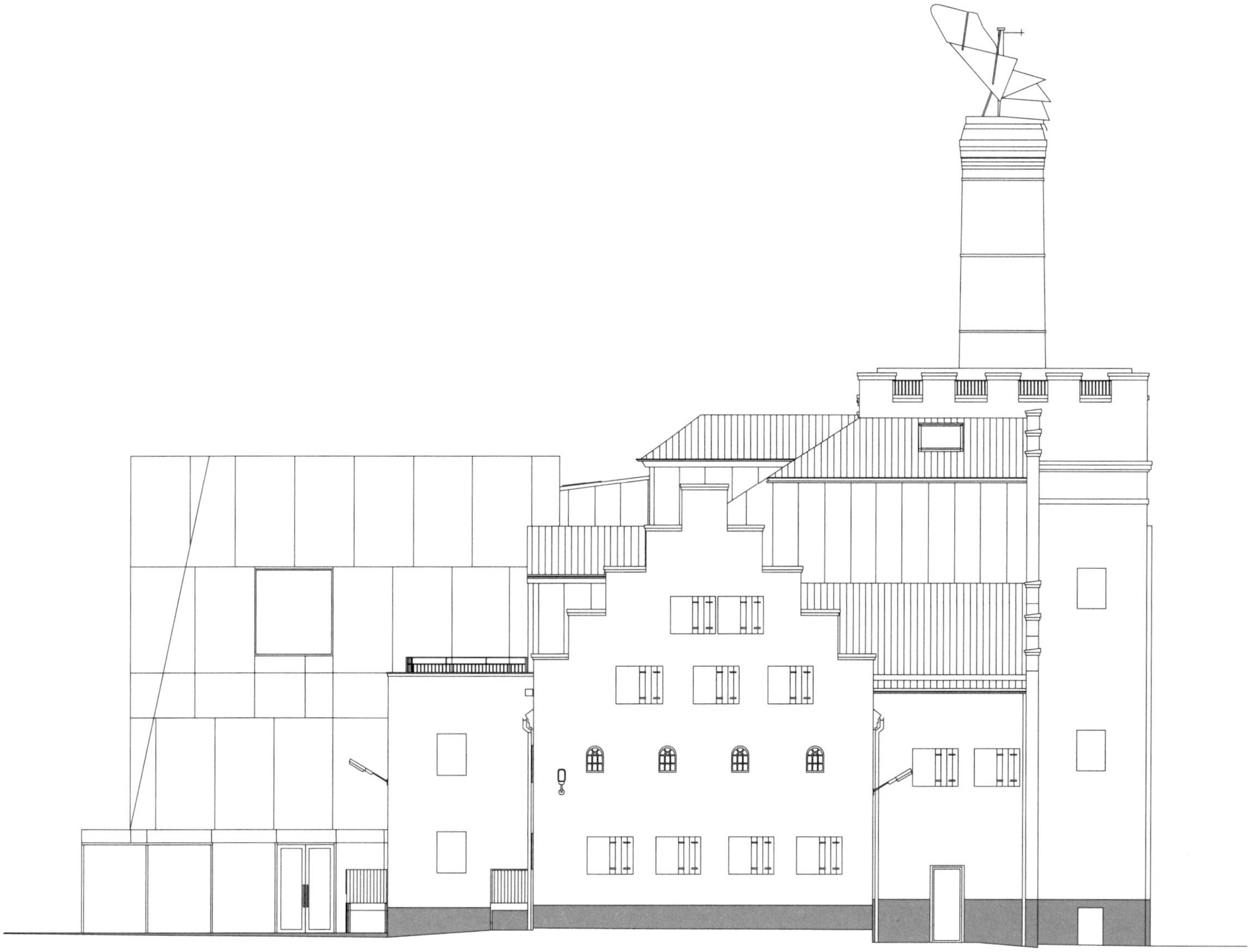

Facadetegning fra nord Front elevation from the north, Praksis

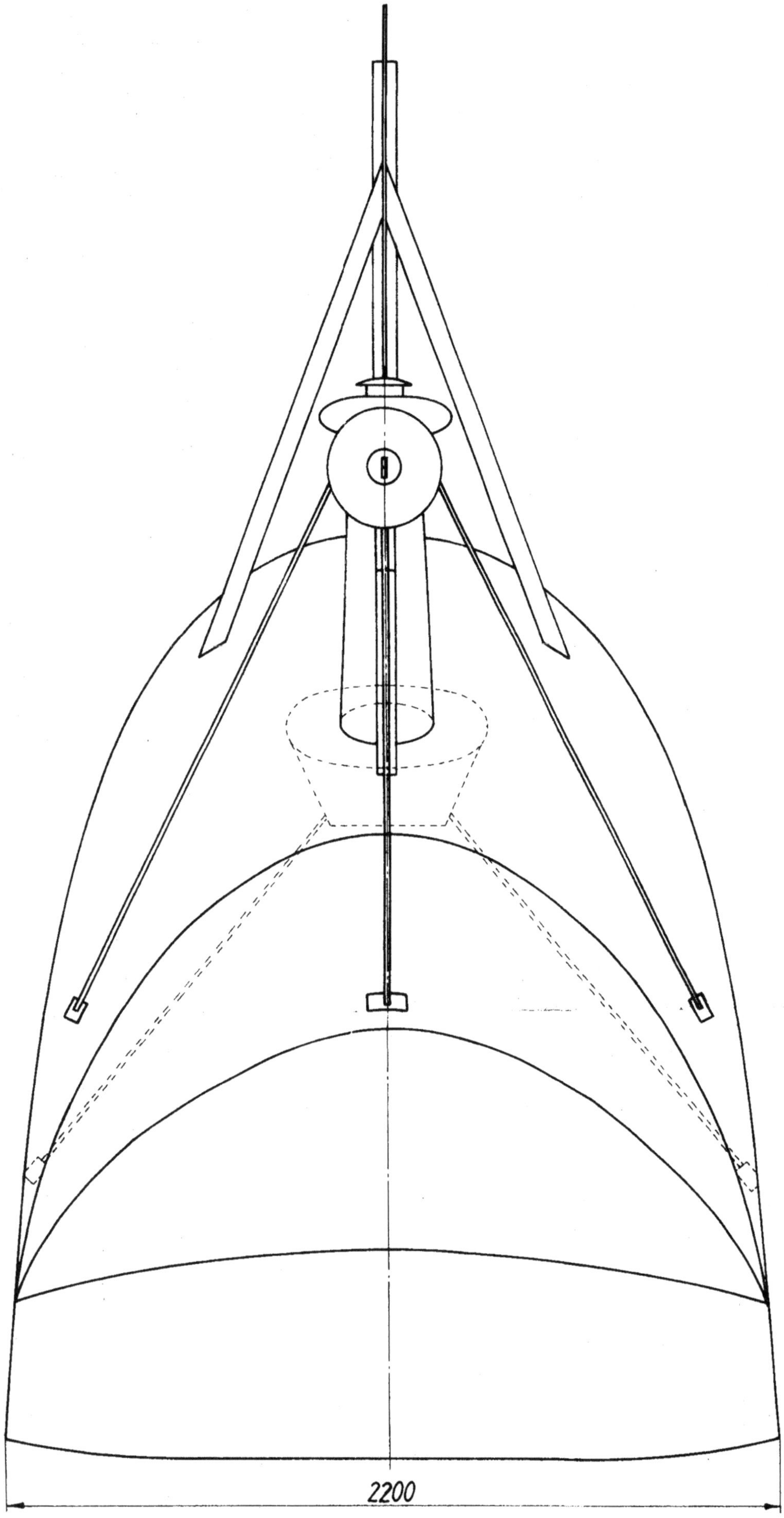

Arbejdstegninger af Maltfabrikkens vindhætte Working drawings of Maltfabrikken's chimney cap

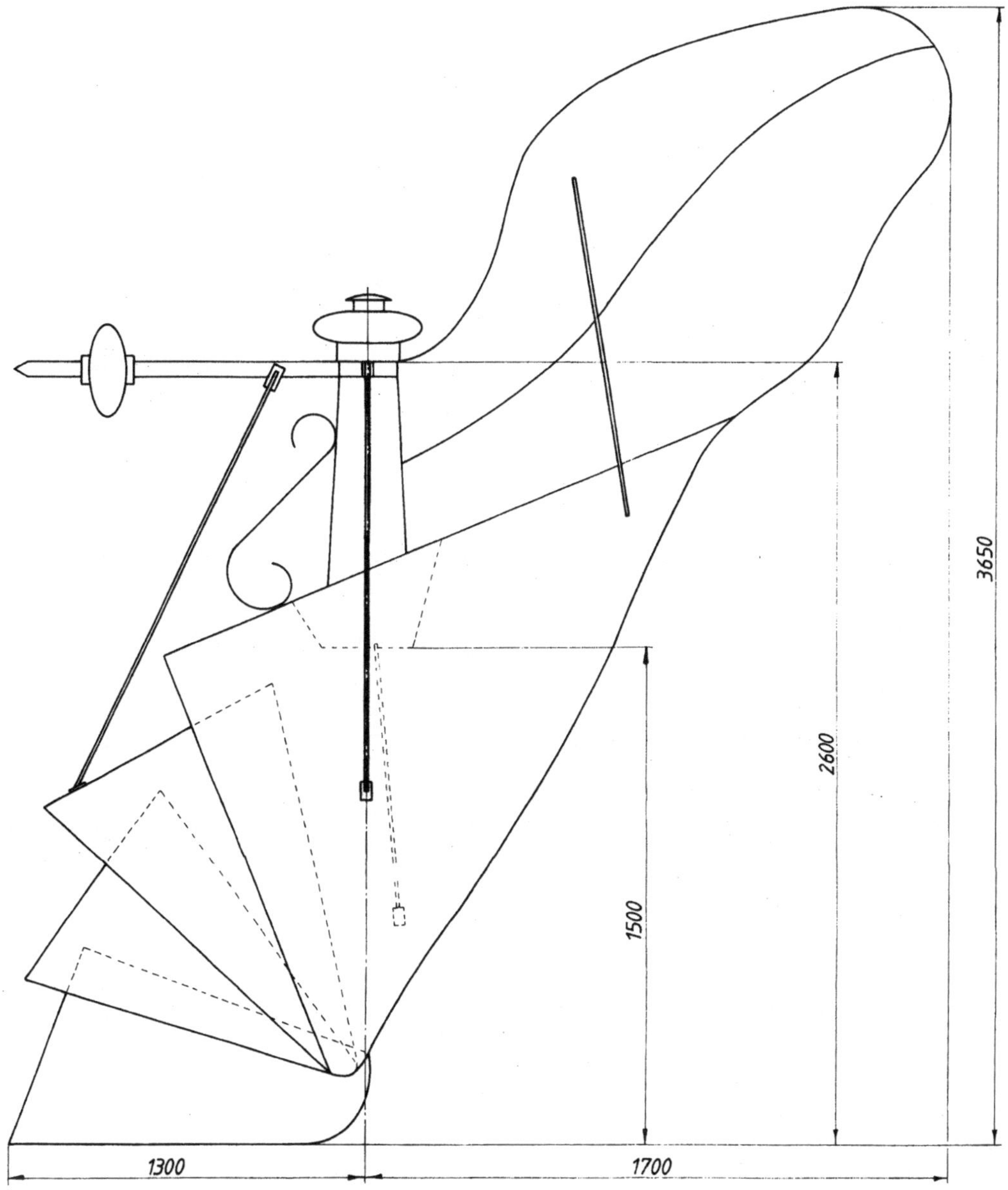
3650
2600
1500
1300
1700

De nye bygninger danner sammen med den gamle fabriksbygning et intimt gårdrum
The new buildings form an intimate courtyard space together with the old malt house building

Foto Photo Jens Lindhe

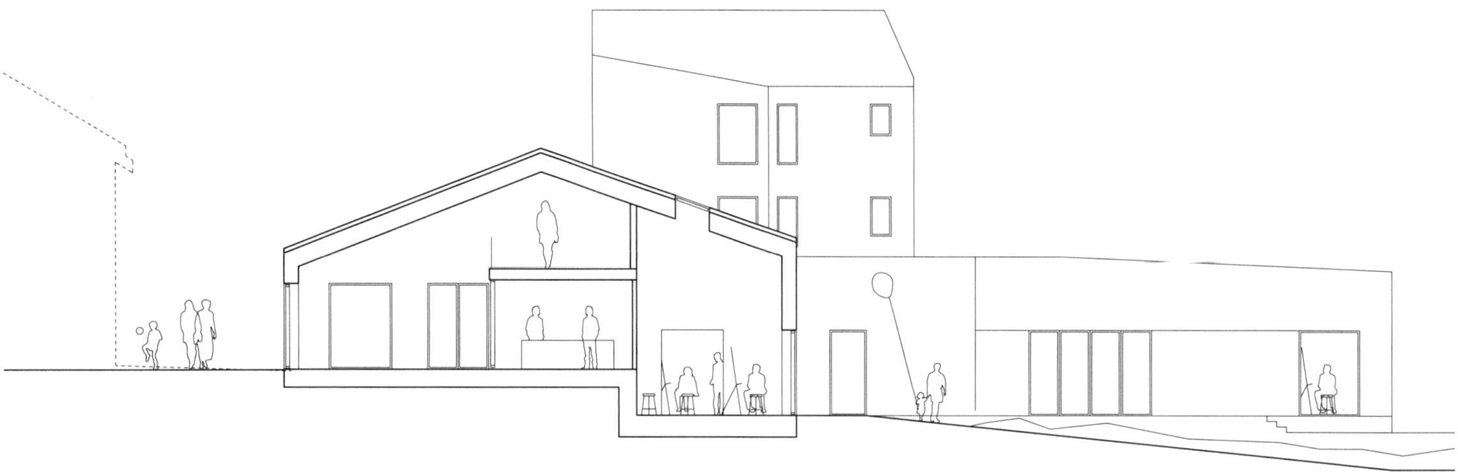

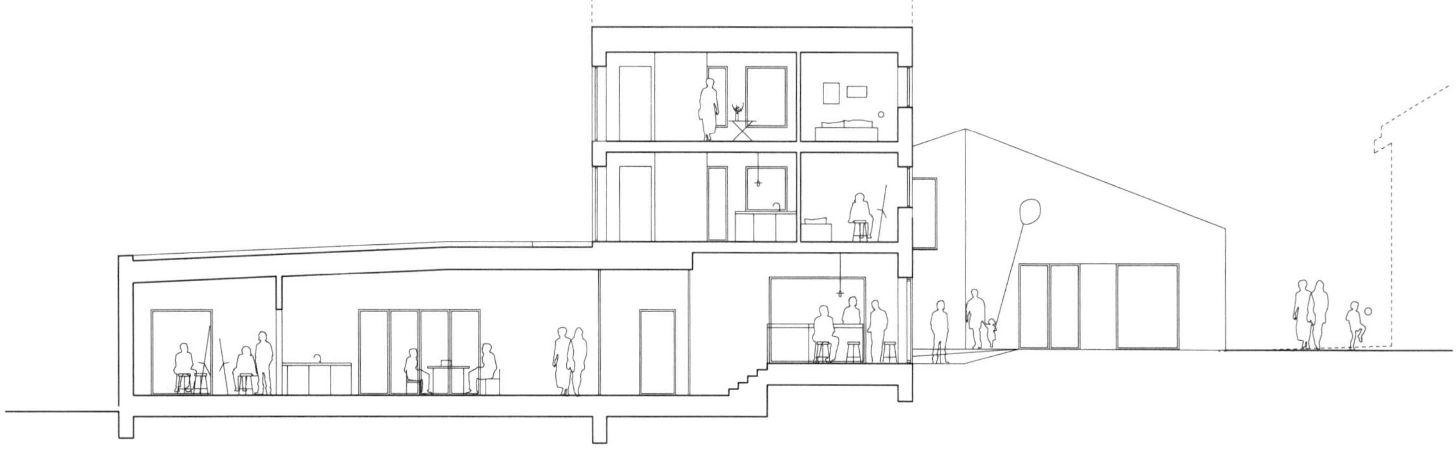

Snit af værksteder og kunstnerboliger Cross-section of workshops and artist residents, Villa Lundberg

Foto Photo Jens Lindhe

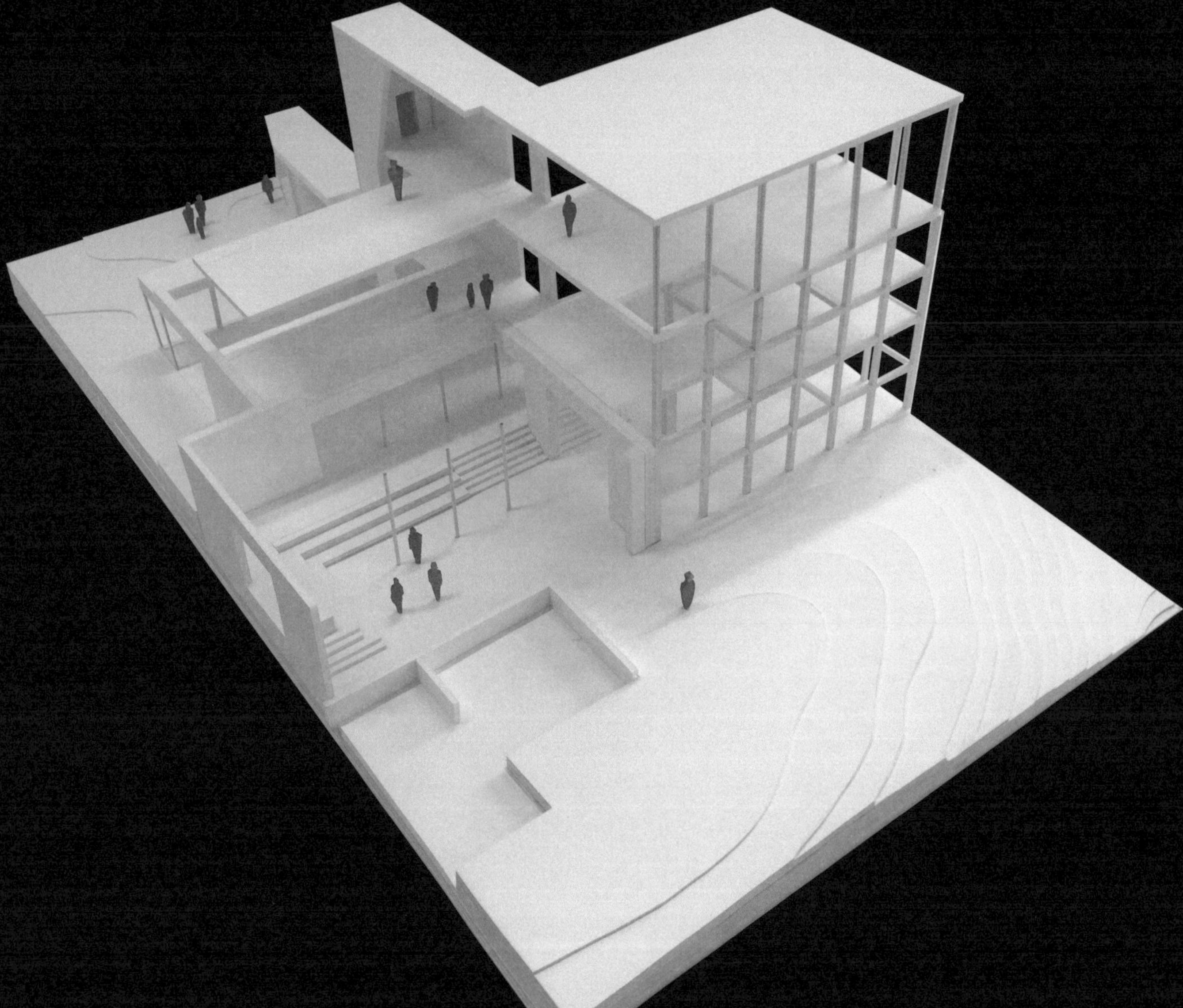

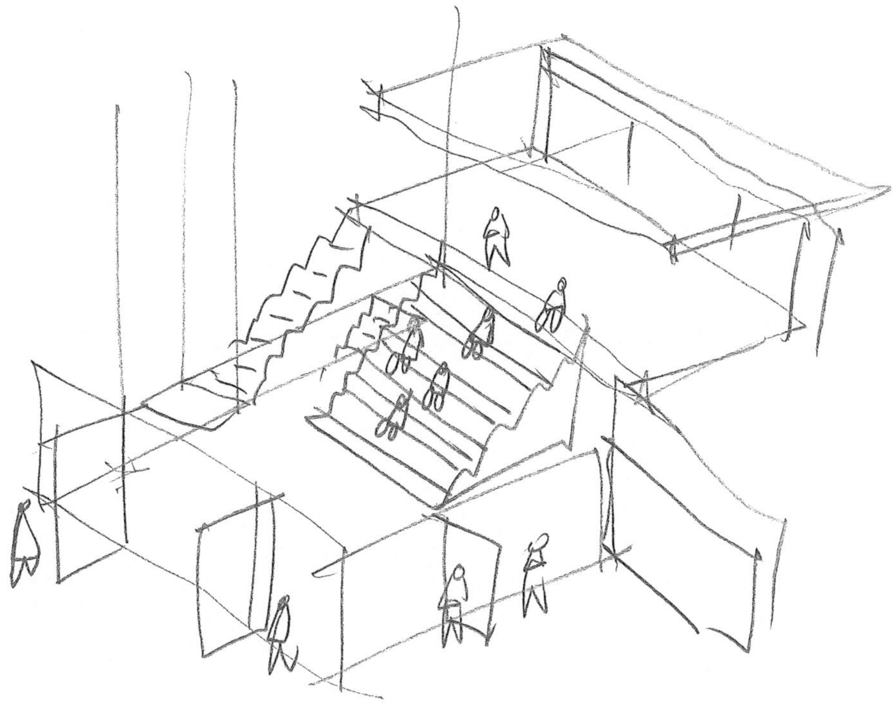

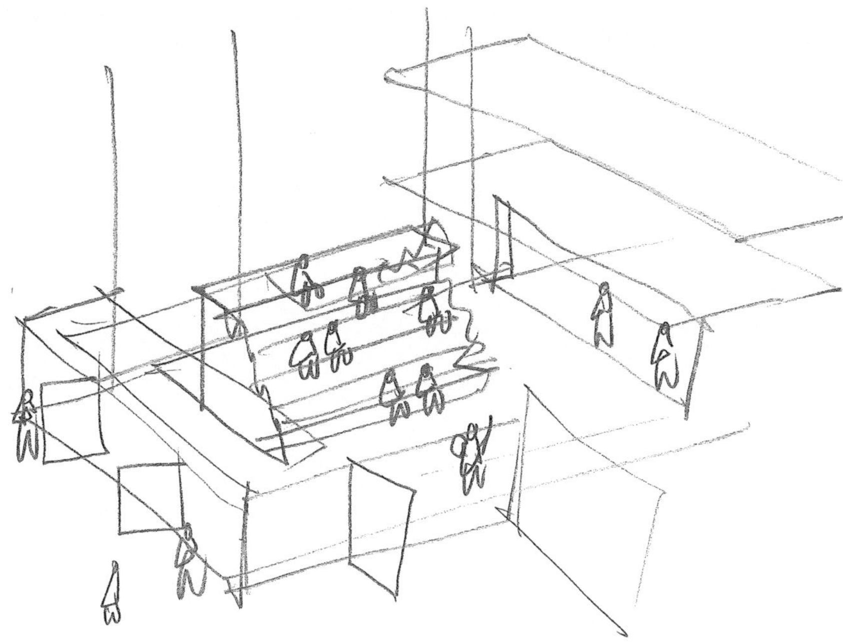

Interiørskitser af Støbesalen med multifunktionelle scene- og opholdsrum
Interior sketches of the steeping room with multifunctional stage and lounge area
Praksis

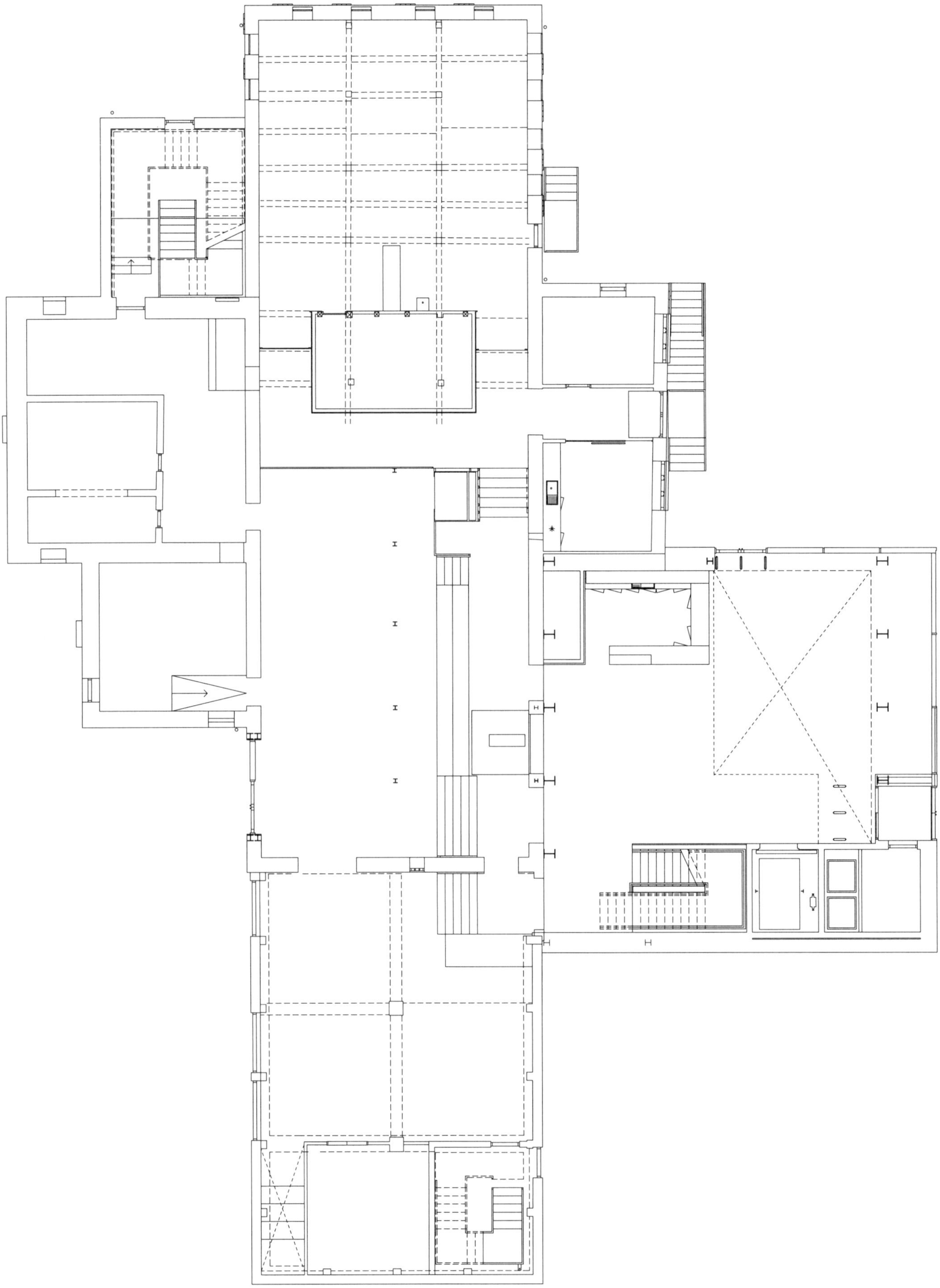

Grundplan, hovedbygningen, stueetage Floor plan, main building, ground floor, Praksis

Modelfotos af interiør Model photos of the interior, Praksis

Foto Photo Jens Lindhe

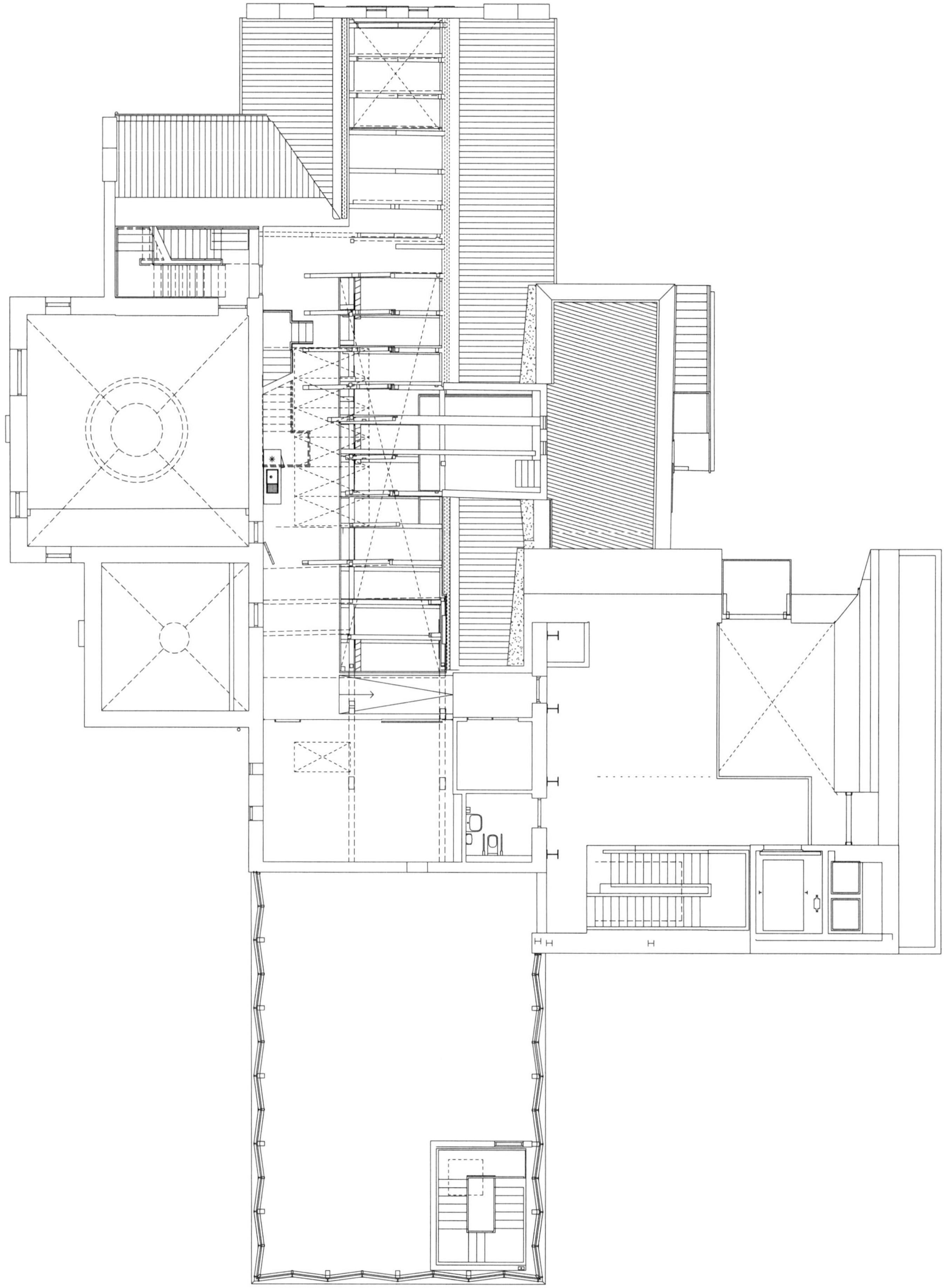

Grundplan, hovedbygningen, anden sal Floor plan, main building, 2nd floor, Praksis

Foto Photo Jens Lindhe

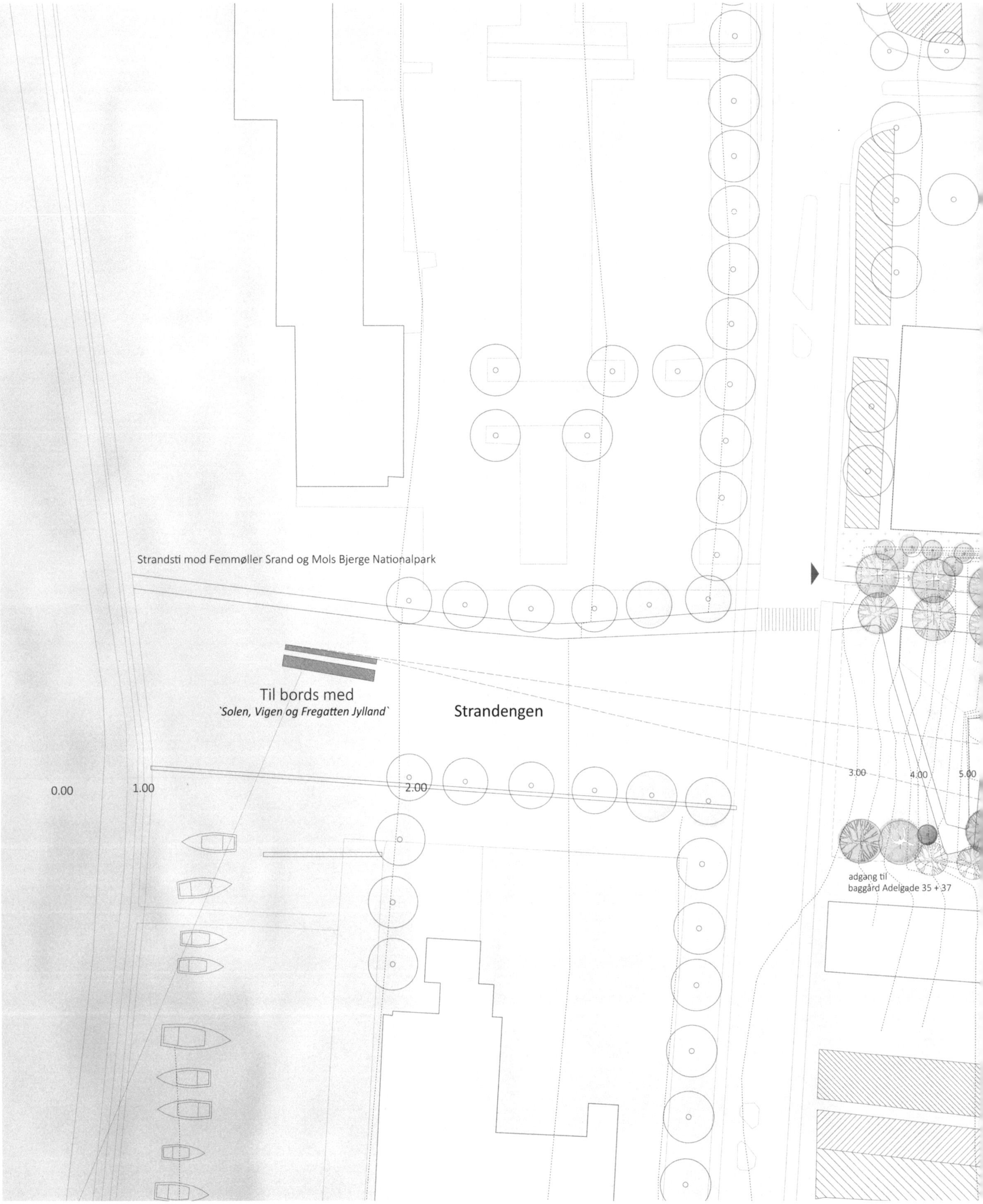

 Tegningen viser den landskabelige forbindelse til vandet The drawings depict the scenic connection with the sea

Situationsplan General layout, Kristine Jensens Tegnestue

Foto Photo Simon Thordal

Skaterparken er en del af landskabsdesignet og skaber forbindelse mod vandet.
The skatepark is part of the landscape design and establishes a link to the sea

Interiør Interior, Villa Lundberg, Eksteriør Exterior, Lundbergs Have Lundberg's Garden
Alle fotos All photos Jens Lindhe

Foto Photo Jens Lindhe

Praksis har valgt en minimalistisk tilgang til transformation, der i videst muligt omfang beholder de oprindelige overflader
Praksis Arkitekter took a minimalist approach to the transformation, which retains the original surfaces wherever possible

Alle fotos All photos Jens Lindhe

Foto Photo Jens Lindhe

Maltfabrikken ligger som en lille landsby af nye og gamle bygninger, der danner intime rum, passager og stræder

Maltfabrikken is nestled in its setting like a little village comprising new and old buildings forming intimate spaces, passageways and lanes

Foto Photo Mathias Dahl

Foto Photo Dennis Serup Voigt Kristensen

Thorkild Hansen

Det var en drøm, et utopia. En gammel, særegen fabrik, som rigtig mange ville have revet ned, så det var op ad bakke. I 2007 havde vi stiftet foreningen BLIS – By og Landskabskultur i Syddjurs. Vi kæmpede for at bevare Maltfabrikken som et ud af få kulturminder fra industrialiseringens periode. Ejeren ville rive en spiresal og den ikoniske skorsten ned, og der var flertal i byrådet, men det lykkedes at forhindre det. Og den slags situationer, hvor noget er truet, mobiliserer en kolossal energi i lokalområdet. Energien manifesterede sig i et event nede foran Maltfabrikken, jeg kan huske, vi fik nogle politikere til at stå oppe på en gammel folkevognsbus. Det blev startskuddet. I 2010 stiftede vi komiteen til etablering af Den Ny Maltfabrik. Det var som at bygge et højt, smukt tårn. Vi gjorde det bare omvendt, for vi havde drømme, så vi begyndte med spiret. Vi havde ikke noget fundament, så vi arbejdede os gradvist nedad, og en gang imellem faldt stilladset sammen under os. Men vi var alle sammen optimister.

It was a dream, a Utopia. An old, peculiar factory that plenty of people wanted to tear down, so it was an uphill struggle. We founded the association 'BLIS – By og Landskabskultur i Syddjurs' (Syddjurs Urban and Landscape Culture) in 2007. We fought to save Maltfabrikken as one of the few cultural memorials from the era of industrialisation. The owner wanted to tear down a malting room and the iconic chimney, but a majority of the town council blocked this. And these types of situations – where something is threatened – mobilise enormous energy in the local area. The energy manifested itself at an event down in front of Maltfabrikken. I remember we even got some politicians to stand on top of an old Volkswagen Bus. That was the launch. In 2010, we formed a committee for the establishment of Den Ny Maltfabrik (the New Malt House). It was like building a tall, beautiful tower. We just did it in reverse order, because we had dreams, so we started out with the spire.
We didn't have any foundation, so we gradually worked our way down, and the scaffolding collapsed underneath us occasionally. But we were all optimists.

Foto Photo Vibeke Wang

ARKITEKTKONKURRENCE
ARCHITECTURAL COMPETITION

DAGMAR HELLES BRENDSTRUP
BESTYRELSESFORMAND
CHAIRMAN OF THE BOARD
EJENDOMSFONDEN

MUSEUM/UDSTILLINGER/
STADSARKIVET/
MØDELOKALER/
X-RUM
SEKRETARIATET

Tegnestuen Vandkunsten

Gennem hele Maltfabriksprojektets udvikling har der været forestillinger om, hvordan den fremtidige arkitektur skulle se ud. De allerførste streger kom fra en ven af projektgruppen, Anders Barslund Christensen, der var formand for billedkunstrådet og havde været arkitekt på transformationen af Kulturværftet i Helsingør. Senere havde vi workshops i projektgruppen, hvor vi drøftede idealerne for transformationen. Referencerne var den nu afdøde italienske stjernearkitekt Carlo Scarpa samt engelske David Chipperfield, som stod bag ombygningen af Neues Museum i Berlin. Jeg husker især, at bestyrelsesmedlem og arkitekt Hans Grøn havde nogle meget stærke betragtninger om emnet.

Anders Byriel, der til daglig samarbejder med internationale arkitekter, foreslog, at vi simpelthen kontaktede David Chipperfield. Det grinede alle lidt af, men en mand som Anders har forbindelser, og før vi vidste af det, var Anders og Kristian rejst til London for at undersøge mulighederne. De blev taget imod af Chipperfield på hans tegnestue på øverste etage i en bygning på South Bank. Ugen efter stod hans chefarkitekt på Maltfabrikken i Ebeltoft. Vi nåede faktisk så langt som at få Chipperfield til at skitsere et projekt om Maltfabrikken med titlen 'Let The Factory Speak', før det stod klart, at ønsket var en arkitektkonkurrence om projektet. Det var især fondene, der hjalp os til at se, at en projektkonkurrence er den rigtige vej for et projekt af Maltfabrikkens størrelse.

Visions and ideas for the proposed future architecture of Maltfabrikken have been bubbling to the surface throughout the development of the Maltfabrikken project. The initial outlines were produced by a friend of the project group, Anders Barslund Christensen, chairman of the visual arts council and architect for the transformation of Kulturværftet in Helsingør. Later on, the project group organised workshops where we discussed the ideals for the transformation. The references were the now deceased legendary architect Carlo Scarpa, of Italy, and David Chipperfield, of the UK, who was responsible for the rebuilding of Neues Museum in Berlin. I particularly recall how Hans Grøn, board member and architect, was very outspoken about the topic.

Anders Byriel, who works alongside international architects on a daily basis, suggested that we simply contacted David Chipperfield. We all laughed a little at this, but a man like Anders is well connected, and before we knew it, Anders and Kristian had left for London to look into the options. They were received by Chipperfield in his drawing office on the top floor of a South Bank building. The week after, his senior architect was standing at Maltfabrikken in Ebeltoft. In fact, we went so far as to have Chipperfield sketch a project around Maltfabrikken entitled 'Let the Factory Speak', before realising that an architectural competition for the project was preferred. It was particularly the foundations who prompted us to realise that a project competition was the right way to go for a project of the magnitude of Maltfabrikken.

23964 □□□■

„Ved ankomst fra den begrønnede parkeringsplads ledes man automatisk ind i baggården. Her mod nord kigger bibliotek- og museumsbygningen ud i Den Glemte Have. Her er der udgang til en frodig naturlegeplads, hvor børnene lystigt kan boltre sig."

Schmidt/hammer/lassen architects

AART Architects

BIG – Bjarke Ingels Group

COBE

Vi havde ansat Rambøll som bygherrerådgiver, og de var vores konkurrencesekretariat. Men vi formulerede selv programmet med inspiration fra de mange workshops, der var blevet afholdt. I december 2015 offentliggjorde vi konkurrencen, og 29 teams fra Danmark og udlandet bød ind på at være med. Det var de helt store arkitektfirmaer som Snøhetta, Bjarke Ingels Group og Dorte Mandrup, samt landskabsarkitekter som tyske Latz + Partner. Konkurrencens budget var 2 mio. kr.

De seks teams, der blev valgt til selve konkurrencen, var AART Architects, BIG, COBE, Schmidt Hammer Lassen Architects, Praksis og Tegnestuen Vandkunsten. Vi var spændte på, om de kunne forstå opgaven, og vi blev både jublende overraskede og skuffede. Jeg husker tydeligt, hvordan vi holdt møderne oppe på loftet i Maltlageret, hvor der var både koldt og vådt. Overalt stod spande til at fange vandet, der dryppede ind ad hullerne i taget. Men der var en fantastisk energi i bedømmelsesudvalget. Vi havde lavet en aftale om, hvem der havde stemmeret, og hvor mange stemmer hver part havde, men ikke en eneste gang kom vi til afstemning – vi var enige. Det var stærke diskussioner og vigtige beslutninger, som alle blev truffet i fællesskab.

Når jeg tænker tilbage på processen, så er arkitektkonkurrencen måske noget af det, der har givet os størst værdi. Det kræver fokus, disciplin og mod at formulere en opgave til arkitekterne, og det at modtage så mange forskellige forslag til designet og forståelsen af vores fabrik vendte rundt på vores verdensbillede, men på den gode måde.

I finalen var der to teams tilbage: Schmidt Hammer Lassen Architects og Praksis. Det var to rigtig fine projekter, der havde hver deres kvaliteter, men ét team havde forstået Maltfabrikkens særlige DNA. Praksis vandt, fordi de satte den gamle fabrik i centrum og placerede de forskellige funktioner sammen i bygningerne på en helt genial måde. Og så havde de en forståelse for skala, materialevalg og detaljering, som var sublim.

En interessant læring fra Maltfabrikkens arkitektkonkurrence er, hvor givende det er at have dygtige og modige folk med i processen. Det gælder både vores fagdommere, der turde stille os svære spørgsmål og sige deres mening undervejs. Og det gælder Mette Tony og Mads Bjørn Hansen fra Praksis, der tidligt i processen bad bygherren om mulighed for at disponere bygnings- og skalamæssigt anderledes end i oplægget til konkurrencen.

De havde fået den gode idé at give os et svar, som satte spørgsmålstegn ved, om vores idé ikke kunne være endnu bedre i en ny form. Det var stærkt set.

We had employed Rambøll as the client consultant, and they became our competition secretariat. But we drew up the programme ourselves, inspired by the many workshops that had been held. In December 2015, we announced the competition, after which 29 teams from Denmark and abroad applied to take part. These included some of Denmark's biggest architectural firms, such as Snøhetta, Bjarke Ingels and Dorthe Mandrup, as well as landscape architects such as Latz + Partner, of Germany. The competition budget was DKK 2 million.

The six teams selected for the competition itself were AART Architects, BIG, COBE, Schmidt Hammer Lassen Architects, Praksis and Tegnestuen Vandkunsten. We were anxious to know whether they understood the nature of the task, and their proposals evoked both joyful astonishment and disappointment. I clearly recall how we held meetings in the Maltlageret attic where it was both cold and wet. There were buckets all over the place to capture the water dripping through the holes in the roof. But the panel of judges were brimming with fabulous energy. We had agreed on who had the right to vote, and the number of votes for each representative, but we never ended up having to vote – everyone agreed. There were heated discussions and important decisions, all of which were made in unison.

Thinking back, the architectural competition was probably one of the processes that has given us the greatest value. Articulating a task for architects demands focus, discipline and boldness. Receiving such a wide variety of proposals for the design and their perception of our malt house turned our view of the world upside down, but in a good way.

Two teams remained as finalists: Schmidt Hammer Lassen Architects and Praksis. These were two excellent projects, each with its own qualities, but only one of them had truly understood Maltfabrikken's unique DNA. Praksis won because they put the old malt house at the centre of their concept, ingeniously placing the various functions within the buildings. They also appreciated the scale, with a sublime choice of materials and degree of detail.

An interesting lesson we learnt from Maltfabrikken's architectural competition is how rewarding it is to have clever, bold people on board in the process. This applies both to our professional panel members who dared to ask the difficult questions and express their opinions along the way. This is also true of Mette Tony and Mads Bjørn Hansen of Praksis, who asked the client early on in the process whether it was possible to change the overall approach in terms of structure and scalability from what was depicted in the competition proposal.

They had had the bright idea of submitting a response that queried whether it would be possible to improve on our original concept to make it even better and take on a new form. That was bold input on their part.

TYPOGRAFI

TYPOGRAPHY WAYFINDING

Alle fotos All Photos
Ida Mahler, Simon Thordal

Til Maltfabrikkens visuelle identitet er udarbejdet en specialtegnet skrifttype, Fabrik, som anvendes i al kommunikation. Typografien er skabt ud fra tanken om at afspejle mødet mellem menneske og fabrik. En grov arkitektonisk stramhed fusioneret med bløde, humanistiske former skaber en skrift med markant særkende – og peger på uforudsigeligheden i at sætte ting sammen på nye måder.

A custom-designed typeface known as 'Fabrik' (factory) has been created for Maltfabrikken's visual identity, and it is to be used in all communication. The typography was created to embody and reflect the encounter between individual and factory. Crude architectural severity fused with soft, humanistic shapes create a typeface with distinctive features – and emphasise the unpredictability of assembling things in new ways.

Lysskiltene på bygningernes eksteriør er udført i messinglegeringen tombak. Indenfor er eltavler, låger og andet skrottet metal fra den gamle fabrik genanvendt til skiltning.

The illuminated signs on the buildings' exteriors are made of a brass alloy named tombak. The interior signage consists of recycled distribution boards, doors and other discarded metal from the old malt house.

MALTFABRIKKEN

VÆRKSTED
SNIT
LIGGER LIGE RUNDT OM HJØRNET
HER LAVER
JEG LINOLEUMSSNIT OG
TRYK. KIG GERNE FORBI!
PRISER FOR TRYK 300-600 KR

↖ KULTURLOFT
← SPISESTED
↙ BRYGGERI

VILLA
LUNDBERG

← CHAMPAGNE PONY CLUB
Designshop
← STØBESAL
Udstillings- & eventrum
MALTFABRIKKEN blev reddet fra nedrivning med hjælp fra lokale borgere og virksomheder.
Projektet er realiseret med støtte fra Realdania A. P. Møller Fonden, Lokale og Anlægsfonden, Salling Fondene, Nordea-fonden, Det Obelske Familiefond, Knud Højgaards Fond, Augustinus Fonden, Trygfonden, Nykreditfonden, LAG-Djursland, La Cour Fonden, Kvadrat, Roskilde Fonden, Aage og Johanne Louis-Hansens Fond og Syddjurs Kommune.
2. BMA
BMA
Ung litteratur
Mødelokale
TOILET
1. BMA
Arkiv & fagbøger
BMA
M8
Arbejdsfællesskab
0. ANKOMSTEN
Information & shop
BMA
Leg & bøger
Fællesrum for oplevelser
-1. TOILET

HOVEDAFBR. SILO
DRIFTSKONTOR

ROMANER

RESERVERINGER

MØDELOKALET I STUEN

Jette Gejl

3 x Rød var et udstillingssamarbejde mellem Eva Koch, Mette Gitz-Johanssen og mig – en rød udstilling i en rød fabrik. Det var også en del af et dansk-australsk samarbejde med kunstneren Bjorn Godwin, hvor vi med forskellige greb viste konsekvenserne af klimaforandringer. Jeg udstillede 15 kubikmeter sand, som var kommet med fragtskib i en container fra Australien. Goldt sand uden næringsstoffer i, og derfor så rødt, at folk troede, det var et bjerg af krydderier. Sandet vejede 21 tons, og vi fik hjælp af to flygtninge fra et lokalt flygtningecenter til at køre sandet i trillebør ind i det gamle pakhus. Den ene af dem fortalte, at han selv var ankommet med fragtskib til Danmark i en tilsvarende container. Han var sluppet uskadt fra rejsen, fordi det var lykkedes ham at binde sig fast undervejs, så han undgik at blive kastet rundt.

3 x Rød' was a cooperative exhibition project involving Eva Koch, Mette Gitz-Johanssen and me – a red exhibition in a red factory. It was also part of a joint Danish-Australian venture with artist Bjorn Godwin, where we used various conceptual techniques to depict the consequences of climate change. I exhibited 15 cubic metres of sand, delivered in a container shipped by freighter from Australia. Barren sand without any nutrients, which is why I was infuriated when people thought it was a pile of spices. The sand weighed 21 tonnes, and two refugees from a local refugee centre helped us bring it into the old warehouse in wheelbarrows. One described how he had come to Denmark in a similar container on a cargo ship. He had survived the journey unhurt because he had managed to lash himself to the container during the journey, which kept him from being tossed around.

3 x Rød 3 x Red, september 2013
Alle fotos All photos Kristian Krog

Foto Photo Dennis Serup Voigt Kristensen

FRA DEN DAG VAR DET VORES FABRIK

FROM THAT DAY ON IT WAS OUR MALT HOUSE

Fortalt til As told to
Anne Märcher

LEIF ANDERSEN
MALTPEDEL OG STIFTER AF MALTFABRIKKENS VENNER

MALT CARETAKER AND FOUNDER OF THE FRIENDS OF MALTFABRIKKEN SOCIETY

Enten skal der ske noget, eller også skal lortet rives ned. Den står jo og falder sammen. Det var nok sådan, jeg først tænkte om Maltfabrikken.

Men jeg fik øjnene op for den, da jeg så et af de første idéudkast, der var lavet for at skabe politisk opbakning til at redde fabrikken. Jeg var så småt i gang med at overveje, hvad der kunne være sjovt at lave, når jeg forlod arbejdsmarkedet. Så jeg kiggede på det her koncept, og der var en hjemmeside, hvor der blandt andet stod noget om en støtteforening. Jeg havde aldrig mødt Kristian, som på det tidspunkt var den eneste, der arbejdede fuld tid på at realisere projektet. Men jeg ringede til ham og spurgte, om der var noget, jeg kunne gøre, og så kunne jeg bare høre det der dybe suk i telefonen. For det var der helt sikkert. Foreningen var endnu ikke stiftet, så det måtte jeg meget gerne hjælpe med. Og nede i Kristians kælder lå der en stor bunke folkeaktier, som han ikke havde haft tid til at gøre noget ved. Dem fik jeg med hjem og gik i gang med at registrere, så jeg kunne sende opkrævninger ud til folk.

'Either something has to happen or else the dump should be torn down. It's slowly collapsing, you know.' That was probably how I felt about Maltfabrikken.

But then I realise its potential when I see one of the first draft concepts that were made to generate political support to save the malt house. I was considering what I could do to pass the time once I retired from the labour market. So I look at this concept and there's a website saying something about a 'friends of the malt house society' and other things. I'd never met Kristian, who back then was the only person working full time to realise the project. But I call him up and ask if there's anything I can do, and all I hear is a deep sigh at the other end. Because there most certainly is. The society hasn't been formed yet, so that's something I would be very welcome to help out with. And down in Kristian's basement are a big stack of folkeaktier (pledges to buy small-denomination shares) that he hasn't had time to do anything with. I take them home with me and start registering them so I can send out letters of collection to the pledgees.

Foto Photo Kristian Krog

MALTFABRIKKENS VENNER
THE FRIENDS OF MALTFABRIKKEN SOCIETY

Der kom en masse penge hjem på folkeaktierne. Det var før, fonden overtog ejerskabet, og vi talte meget om, hvordan vi kunne bevare fabrikken så godt som muligt, når vi havde købt den, for der ville jo gå i hvert fald tre til fire år, før de rigtige håndværkere kunne rykke ind, og der kunne nå at ske rigtig meget skade på den gamle bygning i den tid. I vinteren 2014 holdt vi stiftende generalforsamling i Maltfabrikkens Venner, og her blev vi enige om at samle et hold, som kunne passe på fabrikken og forhindre den i at falde endnu mere sammen.

Alle ruderne var smadret. Det sneede ind om vinteren, og det regnede ind hele året. Der var ikke nogen lem i lugen op til skorstenen, så det regnede direkte ned på kuplen over den store maltkølle. Mange af loftsbrædderne var rådne. Jeg indbød nogle folk til at mødes på fabrikken en torsdag. Det skulle være torsdag, for efterlønnere og pensionister går altid til noget fra mandag til onsdag. Så den torsdag eftermiddag mødtes vi for første gang på fabrikken. Vi var enige om, at fra den dag var det vores fabrik, indtil der kom rigtige håndværkere. Nu ville vi gøre noget. Vi har mødtes hver torsdag lige siden dengang, bortset fra de perioder, hvor pandemien har forhindret det, eller hvis julen er faldet på en torsdag.

Så var vi i gang. Først og fremmest skulle vi genoprette bygningens klimaskjold, så vi satte plastikkanalplader i alle vinduerne og lukkede de utætheder, der ellers var. Vi klatrede på stiger, op under loftet og ud på taget, det var helt vildt, som vi klatrede. Men vi var omhyggelige, og i al den tid vi har været på Maltfabrikken, har vi kun haft ét eneste uheld. Det var, mens vi var i gang med at gøre bygningen klar til at modtage håndværkerne. Der skulle fjernes flere tusind kilo kabler, og vi havde gjort alt, hvad vi kunne, for at sikre os. Vi havde talt med elektrikerne og havde fået at vide, at alt inde i fabrikken var afmonteret, der var ingen strøm, vi kunne roligt gå i gang. Det gjorde vi så. Vi tog masser af kabler ned over hele fabrikken, nogle ordentlige moppedrenge, og til sidst var vi i gang nede i kælderen. Det var det mest besværlige stykke arbejde, men vi havde været ude og købe rigtig gode kabelsakse, så vi klippede og klippede.

På et tidspunkt var der et kabel, som var særligt svært at få klippet over. Jeg stod lidt skråt bag ved Søren, som var i gang med at klippe på det tidspunkt. Han havde den store kabelsaks, og lige pludselig var der bare et hav af gnister, og Søren røg på røven. Det var så hovedforsyningen. Den eneste forbindelse ovre fra målestationen og op til bygningen – den var der strøm i. Søren kom ikke noget til, men hold kæft, vi blev forskrækkede. Der havde været så meget spænding og så meget varmeudvikling, at skæret på kabelsaksen var smeltet på midten, der hvor den havde klippet længst ind. Det var godt, at det var et stykke værktøj med ordentlig isolering. Det er det eneste uheld, vi har haft, i al den tid vi har været i gang. Vi passer godt på hinanden.

We raised a lot of money from the funding pledges. That was before the foundation took over the ownership, and we discussed how to save the malt house in the best possible way once we had bought it, because it would take at least three or four years before qualified builders could get in there, and the old building could suffer much more damage in the meantime. We held the first general meeting of the Friends of Maltfabrikken Society, where everyone agreed to gather a group of volunteers who could take care of the malt house and keep it from collapsing even more.

All the windows were smashed. Snow poured in during winter, and it rained in all year round. There wasn't any door in the hatch up to the chimney so it rained right down on the dome covering the big malting kiln. Many of the ceiling boards were rotten. So I invited a few people to a meeting at the malt house on a Thursday. It had to be Thursday, because early pensioners and senior citizens are always busy with their activities from Monday to Wednesday. So we met for the first time at the malt house on a Thursday afternoon. We agreed that, from that day on, it would be our malt house until we could afford qualified builders. Now we had to do something. We've met every Thursday ever since, except during lockdown periods when it wasn't possible, or if Christmas fell on a Thursday.

We were up and running. First of all, we had to restore the building shell. So we covered all the windows with plastic sheeting and sealed any leaks we found. We climbed up ladders under the ceiling and out onto the roof – we were climbing all over the place. But we were careful, and in all the time we've spent at Maltfabrikken, we've only had a single accident. It happened while we were getting the building ready for the builders. We had to remove several thousand kilos of cables, and we'd taken every precaution possible. We'd talked to the electricians who told us that everything inside the malt house had been disconnected, there was no power, so we could start working with no worries. So we did. We dismantled a lot of cables all over the malt house, some real whoppers, until finally we were working in the basement. This was a very difficult job, but we had bought excellent cable cutters and we were cutting away down there.

At one point, we came to a cable that was especially hard to sever. I was standing at an angle behind Søren who was doing the cutting at the time. He was holding the big cable cutter, and suddenly there was an explosion of sparks throwing Søren back on his bum. We'd been cutting through the main power supply. The only connection from the measuring station up to the building – it was live. Nothing happened to Søren, but, wow, it scared the daylights out of us. The voltage was so high and generated so much heat that the cable-cutter blade had melted in the middle where it had made the deepest cut. We were lucky that the cutter was properly insulated. It was the only accident we've had in all the time we've been working there. We take good care of one another.

EN NY OPGAVE
A NEW JOB

Efterhånden fik vi flere og flere uanmeldte gæster, når vi gik og arbejdede inde i fabrikken. Folk var nysgerrige efter at se stedet indefra, nu hvor dørene stod åbne, og det var virkelig også fascinerende at gå rundt i den gamle bygning med alle dens fantastiske konstruktioner og sære anordninger. Men det var for farligt at lade folk gå rundt alene, så vi begyndte at vise gæster rundt i grupper. Det blev et nyt aspekt af vores arbejde i Maltfabrikken, og det fik stor betydning på flere måder. Dels blev vi jo nødt til at have styr på alle de industrihistoriske detaljer, så vi tilegnede os en enorm bunke viden om fabrikken, meget mere end vi allerede havde samlet sammen. Og dels udviklede det os som gruppe at arbejde sammen om rundvisningerne, hvor vi var én til at fortælle, én til at sikre, at gæsterne holdt sig på de afmærkede områder, og én til at tage imod det næste hold.

Alene den første sommer viste vi flere tusind gæster rundt, og interessen fortsatte med at vokse. Det samme gjorde vores viden om Maltfabrikken, for blandt dem, vi viste rundt, var der tit nogle, som selv havde kendskab til fabrikken, eller som kunne fortælle anekdoter eller skrøner, de havde hørt. Nogle af historierne digtede vi også selv lidt videre på, og så indledte vi vores rundvisninger med at sige, at det meste af, hvad vi fortalte var sandt, og hvis noget lød for usandsynligt, måtte man selv sortere det fra.

Det var noget helt særligt at vise rundt i fabrikken, før håndværkerne rykkede ind. Vi vidste jo, at mange af gæsterne ville vende tilbage, når fabrikken stod færdig, så det var fantastisk at kunne give dem det her billede af, hvordan den så ud i udgangspunktet.

As time went on, more and more unannounced visitors dropped by while we were working inside the malt house. They were curious to look at the place from the inside now that the doors stood open, and it was actually fascinating to walk around the old building with all its magnificent structures and special devices. But it was too dangerous to let anyone walk around in there alone, so we started showing visitors around in groups. This became a new aspect of our work at Maltfabrikken, and it had a big impact in several ways. Partly because we had to get all our industrial history facts straight, so we gathered an enormous amount of information about the malt house, much more than we already had between us. And partly because collaborating on the tours developed us a group, as one of us would do the explaining, another made sure the visitors stayed within the demarcated areas, and someone else received the next group.

We showed several thousand visitors around the place that summer alone, and interest in the tours continued to grow. Our knowledge about the malt house did, too, because frequently the visitors we showed around were personally familiar with the malt house or could tell a few of their own anecdotes or tall tales they'd heard. Sometimes we even elaborated on some of these ourselves, and even introduced our guided tours by saying that most of what we were saying was true, but that they would have to decide for themselves whether anything we said was too preposterous to be believed. Showing visitors around the malt house before the builders started working on it was a unique experience. We knew that many of the visitors would return once the renovation was finished, so it was wonderful to give them this picture of how it originally looked.

VI ER MALTPEDELLER
WE ARE MALT CARETAKERS

Vi hed ikke maltpedeller fra begyndelsen. Navnet opstod, da vi blev inddraget i en snak om, at Maltfabrikken skulle have en strategi for sine frivillige. Jeg ved godt, at det ikke var ment som en provokation, men det provokerede i hvert fald nogle af os. I skal fandme ikke kalde os for frivillige, var reaktionen. For hvis man er frivillig, hvad er så modsætningen til det? Hvis nogen er professionelle, er vi så amatører?

Vi har altid haft det sådan, at når vi kan se noget, der skal laves, så tager vi ansvar for det og laver det. Hvis vi har kunnet se, at vi var ved at bevæge os ind på andres ansvarsområder, så har vi selvfølgelig talt med dem. Men vi har ikke gået og spurgt nogen, hvad vi nu skulle gøre. Vi har selv taget initiativet, og vi har taget ansvar for fabrikken. Vi har skabt vores egen rolle. Nogle steder ansætter man en frivilligkoordinator, og det kan være fint. Men vi skal ikke koordineres. Det her er jo vores fabrik. Det er vores fabrik og jeres fabrik. Det er en fabrik, vi har sammen.

Vi måtte finde ud af, hvad vi så ville kaldes, og det havde vi nogle gode diskussioner om. En af os havde tidligere arbejdet som pedel, og af ham havde vi lært pedellens regel nummer et: Man skal altid lave det mest synlige arbejde først! Det var blevet sådan en ting, vi havde noget sjov med. Men da først navnet blev sagt højt, var der ingen tvivl: Vi er maltpedeller. Det passer til os, det passer til den måde, vi ser os selv på. Vi er pedeller, vi laver de ting, vi har lyst til, og som har betydning for bygningen. Den havde jo aldrig set sådan ud, hvis vi ikke havde været her. Vi har det godt med at lave de enkle ting, som stedet har brug for. Det er fint at tage en kost og feje. Vi er maltpedeller.

We didn't call ourselves malt caretakers from the beginning. The name arose after we got drawn into a discussion on how Maltfabrikken had to develop a strategy for its volunteers. I knew that no one meant this to be a provocation, but it still provoked some of us at any rate. Don't call us bloody volunteers, was how some of us reacted. Because if you're a volunteer, what's the opposite? If some workers are professionals, does that make us amateurs?

We've always had the attitude that whenever we saw something that needed to be done, we took responsibility for doing it. If we could see that we were encroaching on someone else's territory, then of course we would talk to them first. But we didn't go around asking anyone what to do next. We took the initiative ourselves and we took responsibility for the malt house. We created our own roles. Some organisations hire a coordinator for their volunteers, and this can be well and good. But we don't want to be 'coordinated'. This is our malt house, you know. It's our malt house and your malt house. This is a malt house we share.

We had to find out what to be called, and we had some good discussions about it. One of us had previously worked as a caretaker and had taught us the golden rule of caretaking: Always do the most visible work first! That was something we had some fun with. But it wasn't until someone said the name aloud that we were all convinced: We're the Malt Caretakers. It's perfect for us, because it fits the way we see ourselves. We're caretakers, we do the things we feel like doing and that mean something to the building. It would never have looked the way it does now if we hadn't been there. We feel good about doing all the simple things the place needs. Grabbing a broom and sweeping is fine by us. Because we're the Malt Caretakers.

KUNSTEN AT LAVE MALT
THE ART OF MALTING

Da håndværkerne rykkede ind i fabrikken, havde vi en svær periode. Vi havde jo snakket om det, inden det skete. Vi vidste godt, at det ville blive en omvæltning, men det kom alligevel bag på os. Vi havde jo virkelig følt, at det var vores fabrik. Der skete ikke noget i de gamle bygninger, som vi ikke havde styr på. Nu skulle vi spørge om lov, hvis vi ville ind og kigge. Den forandring var svær at acceptere, selvom det selvfølgelig var sådan, det skulle være. Til at begynde med var vi hjemløse, men vi holdt sammen. Og så fik vi et midlertidigt værksted på det nedlagte posthus over for Maltfabrikken. Det var her, vi begyndte at eksperimentere med at lave malt.

Vi havde set på tegningerne til den ny maltfabrik, at der ville komme et bryggeri og et malteri, hvor planen var at producere malt igen. Og vi tænkte, at hvis nogen skulle tage sig af det, måtte det være os. Så vi gik i gang med at lære at lave malt. Der var især nogle stykker, som syntes, det var hamrende spændende, og som brugte rigtig meget tid på at sætte sig ind i processen. Flytningen fra fabrikken var virkelig noget af en krise for os til at begynde med. Men det var også den, der gjorde, at vi begyndte at lave malt, og på den måde kom der alligevel noget godt ud af det. Da Maltfabrikken åbnede efter ombygningen, og vi tog fat på at vise gæster rundt igen, havde vi vores egen malt med til at illustrere processen.

When the builders moved into the malt house, we went through a difficult period. We had already talked it over before it happened, of course. We knew full well that it would be a radical change, but it still took us by surprise. We had truly felt that it was our malt house. Nothing happened in the old buildings that we weren't on top of. Now we had to ask for permission to enter the buildings and look around. This change was difficult to accept, even if it obviously had to be this way. At first, we felt rather homeless, but we stuck together. And then we were assigned a temporary workshop at the abandoned post office across from Maltfabrikken. This was where we started to conduct malting experiments.

We'd seen the drawings for the new malt house, which showed that a brewery and malt house would be set up and that there were plans to resume malt production. And we felt that if anyone should be in charge of this, it had to be us. So we started to learn how to make malt. A few members of our group became particularly interested in this, and spent a lot of time learning more about the process. Having to leave the malt house was actually a kind of crisis for us at first. But it was also what prompted us to start making malt, so something good came of it, after all. When Maltfabrikken opened after it had been rebuilt, and we started giving guided tours again, we brought along our own malt to illustrate the process.

MANDEFÆLLESSKAB
FELLOWSHIP FOR MEN

Efter at byggeriet er færdigt, og Maltfabrikken er åbnet, har vi ikke det samme overblik længere, så måden, vores indsats er organiseret på, har ændret sig lidt. Vi samarbejder blandt andet med Maltfabrikkens altmuligmand. Men udgangspunktet er det samme: at Maltfabrikken også er vores sted. Vi laver stadig det, vi har lyst til, og som stedet har brug for. Hver torsdag mødes vi over en kop kaffe. Så går vi en tur rundt og bliver enige om, hvad vi skal lave. Det er en fantastisk måde at være sammen på, uden at det behøver at have en formel struktur.

Maltpedellerne og arbejdet med Maltfabrikken har været en fantastisk del af det at træde ud af arbejdsmarkedet. Vi er alle sammen pensionister eller efterlønnere, og Maltpedellerne er vores mandefællesskab. Var der kommet kvinder, som havde haft samme interesse og håndelag, så havde det også været fint. Men nu blev vi altså den her flok mænd, som har et stærkt socialt netværk. Interessebaseret, for at bruge et af de fine ord. Vi mødes i et arbejdsfællesskab om det praktiske, hvor man ikke kun kommer for at drikke kaffe og snakke. Det er interessefællesskabet og dets værdier, der er det bærende. Jeg tror, vi alle sammen har haft som udgangspunkt, at det er rigtig fedt at lege og lave noget, der er sjovt. Men også, at hvis man ikke tager legen alvorligt, så mister den sin kvalitet.

After the building project was finished and Maltfabrikken had opened, we no longer had the same general view of the place, and we've changed the way we organised our work somewhat. For instance, we now work together with Maltfabrikken's handyman. But our point of departure is the same: Maltfabrikken is our place, too. We still do what we feel like doing and what the place needs. We meet every Thursday for a cup of coffee. Then we walk around the area and agree on what needs to be done. It's a splendid way to spend time together without having a formalised structure.

The Malt Caretakers and our efforts to save Maltfabrikken have been a wonderful way to withdraw from the labour market. All of us are retired or early pensioners, and the Malt Caretakers is our fellowship. If any women had shown up with the same interest and manual skills, that would have been fine, too. But we ended up as a group of men with a strong social network. Interest-based, as the highbrows would say. We get together in a co-working group to do practical jobs, so we're not only coming here to drink coffee and talk. This is an interest-based fellowship whose principal elements are the values we share. In my view, the point of departure for all of us has been that it's fulfilling to amuse ourselves by do something meaningful. Yet also that if we don't take what we're doing seriously, it will lose its quality.

Alle fotos All photos Dennis Serup Voigt Kristensen

Foto Photo Jacob Almtoft

RE

UNG PÅ YOUNG AT MALTFABRIKKEN

Alle fotos All photos
Rampen Ebeltoft

MAYA HUSTED DAVIDSEN
ESTHER MOGENSEN

To af initiativtagerne til ungekulturmiljøet Rampen. Rampen vandt Den Gyldne Skovl i 2017

Two of the initiators of Rampen, a cultural milieu for young people. Rampen won the 'Den Gyldne Skovl' award in 2017, given to grassroots cultural initiatives taken by and/or aimed at young people.

Vi var kommet tilbage fra efterskole og savnede de stærke fællesskaber, som vi havde oplevet både der og i folkeskolen. Nu skulle vi starte i 1. g. – og vi kedede os. Ugens højdepunkt var at køre i halvanden time med bus 123 ind til Aarhus, men det blev vi også trætte af. Alle kendte alle, men vi var blevet spredt på uddannelser rundtom på Djursland og i Aarhus, og hvis vi skal være helt ærlige var Ebeltoft blevet til Rynkeby.

Rampen blev skabt lidt tilfældigt ud fra kombinationen af en idé og et oplagt mulighedsrum. Idéen blev født til innovationsuge på gymnasiet, hvor idéen om et ungekulturhus blev formuleret. Samtidig var der gang i Maltfabrikprojektet, og ungegruppen havde fået øje på lokalet ned mod kysten. Det stod ikke i kortene, at her skulle være ung kultur, men bestyrelsen for Maltfabrikken blev tændt af de unges ild.

Vi blev ret overraskede over, at de tog os seriøst og var med på den. Vi ville jo bare have en legeplads, men der skulle investeres ca. 800.000 kr. i en renovering for at lave midlertidige lokaler. Det havde vi svært ved at forstå, og vi var ret utålmodige. Hvorfor kan vi ikke bare åbne? Hvorfor skal der være handicapadgang, toiletter, bad og fjernvarme?

Jeg husker den sitrende, boblende følelse, hver gang vi mødtes. Det var både til møder i crewet og efter vores arrangementer – der var en vild energi.

After returning from our year at continuation boarding school, we missed the dynamic communities we had experienced both there and at lower secondary school. We were about to start our first year of upper secondary school – and we were bored. The high point of our week was the hour-and-a-half journey on the 123 bus into Aarhus, but we had grown tired of this as well. Everyone knew everyone else, but we were now scattered at study programmes in Djursland or Aarhus, and, in all honesty, Ebeltoft had become Wrinkle City.

Rampen came about more or less by accident out of the combination of an idea and an ideal space teeming with possibilities. The idea was born during an innovation week at our upper secondary school, where the idea for a cultural centre for young people was conceived. At the same time, the Maltfabrikken project was rolling, and a group of young people had caught sight of this space near the waterfront. It wasn't on the cards that Maltfabrikken would house a cultural centre for young people, but the Maltfabrikken board was energised by the young people's enthusiasm.

We were quite surprised that they took us seriously and were willing to go along with it. All we wanted was a playground, but it required an investment of DKK 800,000 to refurbish and set up temporary facilities. We had difficulty understanding why, and we were rather impatient. Why can't we just open it? Why do we have to provide access for the disabled, toilets, bathing facilities and district heating?

I recall the jittery, bubbly feeling whenever we met, both at crew meetings and after our events – we were bursting at the seams with reckless energy. The Syddjurs Continuation School for Young People was our strongest partner. They served as a big brother of sorts who was willing to kick up a row, but also kept somewhat tight reins on the process. Thomas Lind in particular was a brilliant team-mate. We endured a minor crisis over the no-alcohol requirement, but then we decided to exploit the qualities this entailed. We learned how to brew excellent coffee and host communal dining events. Looking back, this was probably what helped make the project enduring, and project developers and municipalities from all over Denmark now use Rampen as a reference project.

Alle fotos All photos
Cilja Ravn Thomsen

Foto Photo Leana Varnas

Alle fotos All photos Cilja Ravn Thomsen

Syddjurs Ungdomsskole var vores stærkeste samarbejdspartner. En slags storebror, der er med på at lave ballade, men også holder det hele lidt i snor. Især Thomas Lind var en super medspiller. Vi havde lidt krise over, at der var alkoholforbud, men så besluttede vi sammen at dyrke kvaliteterne ved det. Vi lavede god kaffe og fællesspisninger. Set på afstand var det måske noget af det, der gjorde, at projektet blev langtidsholdbart, og at projektudviklere og kommuner fra hele Danmark nu refererer til Rampen.

En af udfordringerne ved at lave en alternativ platform for ungekultur er, at man kan komme til at favne en del af årgangen og ikke alle. Dengang syntes vi, det var naturligt, for alle kunne jo være med, hvis de ville. Hvis en drengegruppe foreslog, at vi skulle se VM i fodbold, var det naturligvis o.k., men det gjorde de bare aldrig. Før vores første events bagte vi 100 kanelsnegle og delte dem ud med små reklamer i busserne. Her havde vi hele ungdomsårgangen samlet i busser, og de kunne ikke slippe væk. Alligevel var det ikke alle, der kom. Måske var det o.k.

Rampen er et bevis på, at den energi, der kommer fra de unge selv er stærk, og deres drømme er store. I Maltfabrikken har vi haft vores eget sted. Ligesom en kælderlejlighed med egen indgang. Men vi har også leget sammen med de voksne og de ældre – det har været sjovt. Det er en fordel, at et kreativt epicenter som Maltfabrikken kan rumme forskellige segmenter. Det ville være kedeligt, hvis der kun var Rampen alene. Og det ville være dødt, hvis der kun var noget for de gamle.

One of the challenges of making an alternative youth-culture platform is that you can embrace some members of an age group, but not all. Back then, this seemed natural, because everyone was welcome if they wanted to opt in. If a group of boys suggested that we watch the football World Cup, this was obviously fine – but they just never did. Before our first events, we baked a hundred sticky buns and passed them out on buses as little adverts for Rampen. There, we had young people of all ages as captive audiences seated on a bus. Even so, not everyone would show up. Perhaps that was okay.

Rampen proves that the energy generated by the young people themselves is powerful, and that they dream big. We had our very own place at Maltfabrikken. Something like having a basement flat with our own entrance. But we've also played together with the grown-ups and the elderly – and it's been fun. It's a huge advantage for a creative epicentre like Maltfabrikken to be capable of accommodating a variety of segments. How dull it would have been if Rampen had been there all by itself. And Maltfabrikken would have been a lifeless venue if it only offered something for the old folks.

Dagmar H. Brendstrup

Vi børn måtte slet ikke være inde i den travle gård. Men jeg sad i familiens lille lyseblå Morris Minor, mens min landmandsfar var inde på kontoret hos Lundberg for at sælge bygkorn. Det kunne nogle gange vare længe med sådan en handel. Imens sad jeg, og nogle gange også en af mine brødre, i bilen og fulgte de mange aktiviteter i gården og fornemmede lugten fra kornet, der blev maltet. Engang var jeg så heldig, at komme med en af chaufførerne, der kørte det maltede korn til København. Det var stort.

We kids were never allowed to go into the busy courtyard. But I sat in the family's small powder-blue Morris Minor while my father, a farmer, went to the office at Lundberg's to sell barley. Sometimes a transaction like this took a long time. In the meantime, I would sit there, sometimes with one of my brothers, watching the bustling activities in the courtyard, and smell the grain being malted. Once I had the good fortune to accompany a driver taking a load of malted barley to Copenhagen. That was great.

Helga Sinding

Min far havde urmagerforretningen i Adelgade, da jeg var en lille pige. Vores gård stødte direkte op til Maltfabrikkens grund, så fabrikken var en del af vores hverdag, men det var ikke et sted, vi kom. Jeg tror, jeg havde den opfattelse, at familien Lundberg var lidt finere, end vi var, fordi de var fabrikantfamilien. I vores baghave var der et pæretræ. Når vi klatrede op i det, kunne vi sidde og følge med i, hvordan lastbilerne kom og afleverede korn eller kørte væk med malt fra fabrikken inde ved siden af.

My father had a watchmaker's shop in Adelgade when I was a little girl. Our courtyard bordered on Maltfabrikken's property, so the malt house was part of our everyday life, but we would never go in there. I think I felt that the Lundberg family were just a bit more posh than we were because they owned the malt house. There was a pear tree in our back garden. Whenever we climbed it, we could sit there watching the comings and goings of all the lorries delivering or leaving with malt from the factory next door.

Foto Photo Hans Ringmacher

Foto Photo Esben Zøllner Olesen

VI SKAL DYRKE DE HVIDE PLETTER PÅ LANDKORTET

WE MUST CULTIVATE THE BLANK SPOTS ON THE MAP

Syddjurs Bibliotek og Museum Østjylland har i Maltfabrikken fundet sammen om at skabe en hybrid kulturinstitution, der forener bibliotekets, museets og arkivets fagligheder i en både bred og dyb kulturformidling og folkeoplysning. Institutionen har til huse på Maltfabrikken under navnet BMA Bibliotek Museum Arkiv.

Syddjurs Library and Museum Østjylland have joined forces at Maltfabrikken to create a hybrid cultural institution that unites and communicates the technical, artistic and academic expertise of a library, a museum and a local history archive for the purpose of broad-based yet in-depth cultural and general education. The institution is housed at Maltfabrikken under the name 'BMA – Bibliotek, Museum, Arkiv' (library, museum, archive).

Foto Photo Dennis Serup Voigt Kristensen

Foto Photo Vibeke Wang

Det enestående ved Maltfabrikken er for os hybriden, hvor et bibliotek, et museum og et lokalarkiv flytter sammen, og endnu mere det, at denne nye hybrid flytter i kollektiv med iværksættere, kunstnere, butikker og grupper af frivillige. De benspænd og udfordringer, det giver, flytter os ud af vores komfortzone. Det kræver af alle implicerede parter, at vi tænker nyt – og på samme tid harmonerer det, fordi vores insisteren på at møde borgeren i øjenhøjde også er essensen af Maltfabrikkens miks af funktioner og den åbne invitation til at komme ind og være med.

BMA skal være mere end navnet på en bygning. BMA skal være en betegnelse for alle de muligheder, der findes, og alt det, der foregår, ikke bare noget, der er, men noget, der sker. Det betyder, at borgerens forståelse af, hvad vi er, skal handle mindre om, hvad der står på skiltet ved indgangen, og mere om det, der sker, når vi møder hinanden. Det er i mødet med borgeren, at vi kan insistere på at være til stede og være nærværende. Nogle borgere kommer for at låne bøger, gå på opdagelse i historien eller bruge arkivet, andre bruger vores faciliteter som et opholdsrum, og en tredje gruppe kommer med behov, som de ikke ved, hvor man ellers kan gå hen og få dækket. Og så arbejder vi med alverdens knopskydninger af folkeoplysning og demokratisering i en kulturarvsinstitution, som vi forsøger at nytænke, i tråd med hvad mennesket anno 2021 efterspørger. Derfor er vores formater ofte arrangementer, events og udviklingsprojekter i samarbejde mellem flere aktører.

Det er på den baggrund, at vi insisterer på mødet med mennesker. Det kan vi gøre fra et tæppe på en græsmark, fra en papkasse på en havnefront eller fra en bus ude i landdistrikterne. Vi kan også gøre det fra Maltfabrikken.

Maltfabrikken er også et kultursammenstød, et møde mellem det firkantede og det runde. Biblioteket, museet og lokalarkivet er klassiske kulturarvsinstitutioner, der har århundreders erfaring bag sig. De står på et fundament af kendte systemer og metoder,

To us, the unique quality of Maltfabrikken is its hybrid nature, where a library, a museum and a local history archive move in to occupy the same space, and even more so that our new hybrid set-up is joining a collective of entrepreneurs, artists, shops and groups of volunteers. The obstacles and challenges posed by this take us out of our comfort zone. They require each of us, the involved parties, to be innovative. This is consistent with what we are doing, too, because our insistence on tuning in to our users is also the essence of Maltfabrikken's concoction of functions and the open invitation to come and join in.

BMA must be more than a name on a building. BMA must embody all the possibilities that are available and everything that's going on – not just something that is, but something that is happening. This means that the user's perception of what we are must entail more than just letters on a sign at the entrance, and deal more with what happens when we meet one another. It is here, in the encounter with users, that we can insist on being present and attentive. Some people come here to borrow books, explore history or make use of the archives; others use our facilities for reading or relaxing, and still others come here with needs that they don't know where else to go to get help with. We are also involved in all sorts of different offshoots of public information and democratisation efforts in a cultural institution that we endeavour to rethink in keeping with what people want in the year 2021. This explains why our formats are frequently events or development projects carried out in cooperation with multiple stakeholders.

It is in this context that we insist on personally interacting with our users. We can do this from a picnic blanket on a lawn, from a cardboard box along the waterfront or from a bus out in rural areas. We can also do it from Maltfabrikken.

Maltfabrikken is a cultural encounter in its own right: a meeting between the square peg and a round hole. The library, the museum and the local archive are classic cultural-heritage institutions that have amassed centuries of experience. They are standing on a foundation of known systems and methods which are well-defined – a 'square peg', if you will. Maltfabrikken's other fusions have been born recently and perhaps lead a freer existence, i.e. the round hole. This clash of interests is a gift to BMA and all of Maltfabrikken. Because even if a square peg will never actually fit in a round hole, it still inspires us to innovate and change our ways, and we can contribute to one another's activities and worldview.

The visitors who normally use the library, museum and local archives all year round are valuable to Maltfabrikken's other stakeholders, too. Similarly, the combination of other stakeholders at Maltfabrikken helps increase the number of visitors who come to

Foto Photo Simon Thordal

det veldefinerede og det firkantede. Maltfabrikkens øvrige fusioner er lige kommet til verden og er måske mere frie i deres væren, mere runde. Det modsætningsforhold er en gave for BMA og for hele Maltfabrikken. For selvom firkantet og rund ikke altid passer sammen, så inspirerer det os til at gøre noget nyt og anderledes, og vi kan bidrage til hinandens aktiviteter og verdensopfattelse.

De gæster, vi normalt har året rundt i bibliotek, museum og arkiv, er en gevinst for de øvrige aktører på Maltfabrikken, ligesom kombinationen af de andre aktører på fabrikken medvirker til at mængden af besøgende i BMA bliver større og tæller gæster, som måske ikke ellers ville besøge vores institutioner. Det er en vigtig pointe, for vores eksistensberettigelse i BMA er jo, at der kommer mange mennesker til os, og i mødet med en bibliotekar, en museumsformidler eller arkivar genopdager vi, hvem vi er. Og måske genopdager de endda i et større perspektiv, hvem de selv er.

Vores målgruppe er unge og gamle, børnefamilier, enkeltpersoner og interessefællesskaber, forretningsmanden eller -kvinden og dem, der ikke har noget arbejde. BMA er for alle. Det insisterer vi på i mødet med borgerne, og det arbejder vi for hver eneste dag.

Som mennesker har vi brug for at være aktive deltagere i et fællesskab, men hvordan ser et fællesskab ud i dag, hvor vi kan leve fysisk afkoblet fra verden? Vi er forbundet via internettet, og grøntsagerne leveres efter digital ordre nærmest direkte ind i køleskabet. De fællesskaber, som tidligere var en fast del af livet i landsbyen eller menigheden, er blevet sjældnere, og i dag er det i langt højere grad op til os selv at etablere, finde og knytte an til de fællesskaber, der giver mening for os. Her kan vi på Maltfabrikken tilbyde en åben invitation til at deltage i og bidrage til en større helhed.

Verden forandrer sig, medier skifter, nye generationer vil efterspørge services, vi slet ikke kender endnu. Hvad er en kulturinstitution om 10 eller 20 år? Ingen ved det, og derfor skal vi altid være i bevægelse. Vi skal være åbne over for det ukendte og åbne over for anderledes måder at være til for brugerne på.

Vi har fra starten gentaget for os selv og hinanden, at de hvide pletter på landkortet er vores store styrke. Det er mellemrummene mellem de initiativer, vi sætter i gang, og det ukendte land, vi betræder. Vi har husket hinanden på, at det er eksperimenter, og nogle ting må gerne gå galt. Vi har aftalt med de øvrige aktører på Maltfabrikken, at der er en ikke-nedskrevet 100 dages-regel: Lad os prøve det af i 100 dage og så mærke efter om det føles godt.

BMA and who might not otherwise visit our institutions. This is an important point, because BMA's raison d'être is to welcome as many users as possible, and in the encounter with a librarian, a museum curator or an archivist, we rediscover who we are. In a wider perspective, perhaps they rediscover who they are, too.

Our target group is made up of young and old, families with children, individuals, communities of shared interests, businesspeople and those without a job. BMA is for everyone. We insist on this in our encounters with local residents, and we work to achieve this every single day.

As people, we have a need to actively participate in a community, but how do communities appear today now that we've learned to lead our lives physically isolated from the rest of the world? We are connected via the internet, and our vegetables ordered online are delivered almost right to the fridge. The communities that were previously a permanent fixture of village life or parish community have become more uncommon, and now, more than ever before, it is up to us to establish, find, and link up with the communities that make sense to us. In this respect, we at Maltfabrikken can openly invite everyone to take part and contribute to a greater whole.

The world is changing; media are changing; new generations will demand services that we don't even know will exist yet. What will define a cultural institution ten or twenty years from now? No one knows, which is why we have to keep moving all the time. We must stay receptive to the unknown and to different ways of being there for our users.

From the outset, we have repeated to ourselves and one another that the blank spots on the map are our strength. They are the spaces between the initiatives we are launching and the unknown territory we are entering. We keep reminding one another that we are experimenting, and that it's OK if things go wrong. We've agreed with the other stakeholders at Maltfabrikken that there is an unwritten 100-day rule: Give it a try for 100 days, and then ask yourself if it feels good.

Foto Photo
Dennis Serup Voigt Kristensen

HVAD DRØMMER JEG OM FOR EBELTOFT?

WHAT ARE MY DREAMS FOR EBELTOFT?

NINA RENÉE KNOBLAUCH-LARSEN OM ARBEJDSFÆLLESSKABET I MALTFABRIKKEN

ABOUT THE CO-WORKING COMMUNITY AT MALTFABRIKKEN

Foto Photo Lars Clement

Meget tidligt, mens Maltfabrikken stadig hed Den Ny Maltfabrik eller Ny Malt, opstod der flere typer af netværk og fællesskaber omkring projektet. Ud over fællesskaberne i Det Grænseløse Køkken og Maltfabrikkens Venner tiltrak fabrikken også mennesker, som havde lyst til et fællesskab med mere fokus på faglighed. Noget af det første, der kom på benene i den sammenhæng, var en række kompetenceudviklingskurser, afholdt med støtte fra Region Midt. Mens der stille og roligt kom flere nye ansigter til, blev aktiviteterne samlet i et netværk, man kunne melde sig ind i. Netværket fik navnet Überwerke. For at Überwerke kunne have en fast ramme, lejede vi det, der må have været Adelgades mindste butikslokale. Det var måske 25 m², håbløst småt, men vi flyttede ind, leasede en kaffemaskine, der udstrålede serious business, og så var arbejdsfællesskabet i gang.

Det var fantastisk, hvad det lille lokale kunne. Foruden at være projektets sekretariat, blev det også en slags indgangsdør for alle, der var nye i byen, og som havde gode idéer, eller gerne ville møde nye mennesker. På en hvid søjle midt i lokalet hang der polaroidfotos af alle medlemmerne, og under billederne havde hvert medlem skrevet: Hvad hedder jeg? Hvad laver jeg? Hvad drømmer jeg om for Ebeltoft?

Det var alt fra klanghealere og glaspustere til folk, der var i gang med at bygge større virksomheder op, og nu kunne alle mødes på kryds og tværs i de kompetenceforløb, vi arrangerede. Vi afholdt dage, hvor man kunne komme på kursus i at lave momsregnskab eller lære at bruge Excel, og vi fik nogle af de folk, som allerede var i netværket, til at komme og holde foredrag om, hvordan man kunne bruge sociale medier i sin markedsføring. Formatet fungerede godt, og netværket blomstrede. Omkring 50 små virksomheder var med i netværket i Überwerke. Det var første etape.

Early on, when Maltfabrikken was still called 'Den Ny Maltfabrik' (the New Malt House) or 'Ny Malt' (new malt), several types of networks and communities emerged around the project. In addition to the groupings encompassed by Det Grænseløse Køkken (The Borderless Kitchen) and the Friends of Maltfabrikken Society, Maltfabrikken also attracted people who were interested in a community that was more focused on professional cooperation. One of the first activities to get off the ground in this context was a series of skills development courses held with support from the Central Denmark Region. As increasing numbers of people joined the process, the activities were gathered into a network named Überwerke which people could sign up to. In order to give Überwerke a fixed framework, we rented what must be the smallest shop premises in Adelgade. They covered only 25 m², which was hopelessly small, but we moved in, leased an automatic coffee maker that exuded 'serious business' and the co-working community was up and running.

The possibilities within that confined space were marvellous. Besides serving as the project secretariat, it was also a gateway of sorts for newcomers to Ebeltoft who had good ideas or were looking to meet new people. A white column in the centre of the room was covered with Polaroid photos of all the members, underneath which each member had answered the following questions: What is my name? What do I do? What are my dreams for Ebeltoft?

There were occupations ranging from singing-bowl healers and glassblowers to people in the process of building up large-scale undertakings, and now it was possible for all of them to meet and mingle in the skills development processes we were organising. We organised sessions where it was possible to attend a course in VAT accounting or learning to use Excel, and we got some of the people who were already in the network to come in and give lectures on how to use social media in one's marketing. The format worked well, and the network flourished. The Überwerke network was made up of about 50 small undertakings. This was stage one.

When the building project got started, it was possible for us to move into the old post office building on the waterfront, opposite Maltfabrikken. It was placed at our disposal by Syddjurs Municipality, and the spatial set-up gave us a unique opportunity to create a prototype for Maltfabrikken's forthcoming co-working community. After having four spaces in Adelgade where people could sit and work, all of a sudden we had twenty. We began looking into the various aspects that we could imagine for a new and bigger co-working project: what type of membership would it make sense to have, how would we set it up, and which zones were important for creating an efficient working environment? The post office had one big space, which we fitted up as a social zone and a co-working zone comprising both 'hot desking' with flexible spaces and desks available for fixed-term rental. This made it possible for us to improve the financial basis of the co-working community, and we introduced the option of one-on-one mentoring/feedback about all aspects of business development.

The post office served as a good testing ground and experimental setting for what was to come. Seeing that we had the physical setting in place and a number of members renting the fixed spaces, we started looking further ahead. We had built up a culture of very low prices and virtually no requirements for involvement by the co-working community's members, but we were fully

Foto Photo Vibeke Wang

Da byggeprojektet gik i gang, fik vi mulighed for at rykke ind i det gamle posthus ved vandet, lige over for Maltfabrikken. Det var Syddjurs Kommune, der stillede det til rådighed, og pladsforholdene gav os en unik mulighed for at lave en form for prototype på Maltfabrikkens kommende arbejdsfællesskab. I Adelgade havde vi haft fire pladser, hvor man kunne sidde og arbejde, nu kunne vi pludselig lave 20 pladser. Vi gav os til at undersøge de forskellige aspekter, vi kunne forestille os i et nyt, større arbejdsfællesskab: Hvilke typer af medlemskab ville det give mening at have, hvordan ville vi indrette det, og hvilke zoner var vigtige for at skabe et velfungerende arbejdsmiljø? På posthuset havde vi ét stort rum, som vi indrettede med en social zone og en arbejdszone, hvor der både var 'flyverbord' med fleksible pladser og skriveborde, hvor man kunne leje en fast plads. Det gav os mulighed for at få lidt mere økonomi ind i arbejdsfællesskabet, og vi introducerede muligheden for én til én-sparring om alle aspekter af forretningsudvikling.

Posthuset var et godt venteværelse og eksperimentarium for det, der skulle komme. Da vi havde rammen på plads og et antal medlemmer, der havde købt sig ind på de faste pladser, begyndte vi at se længere frem. Vi havde opbygget en kultur med meget lave priser og så godt som ingen krav om engagement fra arbejdsfællesskabets medlemmer, og vi vidste godt, at vi ville noget andet med det arbejdsfællesskab, som skulle flytte ind, når fabrikken stod klar. Så mens vi drev Überwerke på posthuset, tog vi på research rundtom i Danmark og ud i Europa for at se, hvad man gjorde i andre arbejdsfællesskaber, og vi begyndte at undersøge, hvad forskellen er på et kontorfællesskab og et arbejdsfællesskab. Der findes masser af steder, som kalder sig for kontorfællesskaber, og som tilbyder et bord, en stol og en husleje – og ikke mere. Men vi så en tendens til,

aware that we had other intentions for the co-working project once we relocated to Maltfabrikken after it was completed. So, while we were running Überwerke at the post office, we did some research by travelling throughout Denmark and further afield in Europe to see how other co-working projects functioned, and we began investigating the differences between co-working as a shared office space and co-working that goes beyond this concept. There are a lot of initiatives that call themselves shared office spaces, which offer a desk and a chair and charge rent – and that's all. But we also saw a trend in which the greater the commitment a venue required of its members, the more efficient and attractive it became. The greater the responsibility one had to take as a tenant, and the greater the sense of co-ownership one had as a tenant, the better the working environment that was created.

We were particularly inspired by two co-working projects: one in Aarhus and one in Copenhagen. These two projects actually did things quite differently, but both projects used fixed dogmas for how to accept new members and the commitments they had to make, which included much more than simply paying the rent on time. The two projects had amassed several years' experience in successfully using this approach, so we drew on their models when we started to discuss the strategy we would establish once we had moved into Maltfabrikken. Our co-working project had to be professionalised so we could attract a few undertakings with even more weight. Essentially, we dreamt of creating a co-working community that was so attractive that people would move from Aarhus and Copenhagen to Ebeltoft to join it. There were definitely those who thought we had totally lost touch with reality whenever we articulated the idea around town. But that was our vision, and we stuck to it: if we can make a truly exciting co-working community, then they will come.

Alle fotos All photos Dahra Mia Rohde Kirchert

at jo mere engagement et sted krævede af sine medlemmer, desto mere velfungerende og attraktivt blev det. Jo større ansvar, man skulle tage som lejer, og jo mere medejerskab, man havde som lejer, jo bedre et arbejdsmiljø blev der skabt.

Især hentede vi inspiration i to arbejdsfællesskaber; Kaospilot HIVE i Aarhus og SKRÅ i København. Egentlig gjorde de tingene meget forskelligt, men fælles for dem var, at de havde nogle helt faste dogmer for, hvordan man optager nye medlemmer, og hvad man som medlem forpligter sig på – og det var meget mere end bare at betale sin husleje til tiden. De to steder havde flere års erfaring med, at det virkede, så det lænede vi os op ad, da vi begyndte at tale om, hvilken strategi vi ville lægge, når vi rykkede ind i fabrikken. Vores arbejdsfællesskab skulle professionaliseres, så vi kunne tiltrække nogle virksomheder, der havde endnu mere tyngde. I bund og grund havde vi en drøm om at lave et arbejdsfællesskab, der var så attraktivt, at folk ville flytte fra Århus og København til Ebeltoft for at blive en del af det. Der var helt sikkert dem, der mente, at vi havde mistet den sidste rest af jordforbindelse, når vi sagde det højt ude i byen. Men det var vores vision, og den holdt vi fast i: Hvis vi laver et virkelig spændende arbejdsfællesskab, så kommer de.

I 2019 begyndte rammerne at tage form, og vi kunne gå rundt under de fantastiske gamle træspær i vores kommende arbejdsfællesskab. Vi vidste, at vi ikke selv havde alle svarene på, hvordan man kommer godt fra start, så vi inviterede kompetente folk udefra til at komme og rådgive os. En del af deres opgave var at hjælpe os med at udvælge de første lejere blandt de ansøgere, vi havde fået ind via open call. Det var, om ikke kontroversielt, så i hvert fald nyt for nogle, at man skulle ansøge om at få lov til at betale husleje for at råde over et skrivebord. Og det er nok meget karakteristisk for arbejdsfællesskabet – vi har haft meget høje ambitioner hele vejen igennem, og det har nok både været en fordel og en ulempe. Der var sikkert også nogle, der syntes, at vi var lige lovlig smarte og havde rigeligt store armbevægelser. Men vi gjorde det, fordi vi troede på, at det var opskriften på Danmarks bedste arbejdsfællesskab. Det var arbejdstitlen, da vi gik i gang. Vi ville lave Danmarks bedste arbejdsfællesskab i Ebeltoft, vi ville tiltrække spændende virksomheder og mennesker til vores område. Vi ville få ting til at ske.

Vi samlede vores eksterne rådgivere, et par medlemmer af Maltfabrikkens egen bestyrelse og et par repræsentanter fra vores organisation. Der var blandt andet projektledere med fra de to steder, som vi tidligere havde besøgt i Aarhus og København. De var en stor ressource i processen, fordi de havde en masse erfaring, både i forhold til hvad der var vigtigt at gøre, og hvad man skulle undgå – alt fra, hvor meget det betyder, at der ligger et personligt velkomstbrev, når et nyt medlem kommer og indtager sin plads for første gang, til dogmet om faglig mangfoldighed, som siger, at man skal undgå at have mere end tre, der laver det samme, for ikke at risikere, at de kommer til at æde hinandens kunder.

Vi fik sat vores første hold ved hjælp af de dogmer, vi havde fundet frem til. Helt overordnet handler det om at have størst mulig faglig diversitet, og om, at medlemmerne helst skal være interesserede i at samarbejde. Målet har været at skabe et sted, hvor medlemmerne bruger hinanden og samarbejder på tværs af de forskellige virksomheder. Desuden stræber vi efter diversitet af alder og køn for at afspejle så bredt et udsnit af befolkningen som muligt, fordi vi tror på at forskelligheder skaber gode ting, når de arbejder sammen. Et mere hverdagsligt dogme er, at når man har en fast plads, bruger man den mindst tre dage om ugen, fordi tomme stole ikke er interessante at sidde ved siden af. Man skal ville stedet, man skal investere i det, og man skal bruge det. Og fordi det er vigtigt, skriver man under på arbejdsfællesskabets dogmer, når man bliver medlem: at man vil bruge sin plads tre dage om ugen i gennemsnit, at man vil byde ind arbejdsmæssigt, og at man vil lægge tid og energi i fællesskabet. Som medlem deltager man i en arbejdsgruppe og er selv ansvarlig for at tage initiativ og sætte ting i gang – fra fredagsbar til faglig videndeling. For at markere, at skiftet fra de midlertidige rammer i posthuset til de smukt istandsatte rum i Maltfabrikken ikke bare var en flytning, men begyndelsen på et helt nyt arbejdsfællesskab, tog vi et nyt navn: M8 – for arbejdsfællesskabet på Maltvej 8.

In 2019, the framework started to take shape, and we were able to walk around underneath the magnificent old wooden beams in our forthcoming co-working space. We knew that we didn't have all the answers to how to get off to a good start, so we invited external experts to come in and advise us. Part of their task was to help us select the first tenants from among the applicants we had received through an open call. Although it may not have been controversial, having to apply to pay rent for having a desk at one's disposal was novel to some people, at any rate. And, as a characteristic feature of the co-working community, we had sky-high ambitions throughout the process, which were probably both beneficial and a drawback. Others probably thought that we were too clever by half and were making a bit too much fuss. But we did it, because we believed in it and we believed that this was the recipe for the best co-working community in Denmark. That was also the working title when we got started. We wanted to make the best co-working community in Denmark in Ebeltoft, and we intended to attract stimulating undertakings and people to our community. We wanted to make things happen.

We gathered our external consultants, a few members of Maltfabrikken's own board and a couple of representatives from our own organisation. These included project managers from the two organisations we had previously visited in Aarhus and Copenhagen – Kaospilot HIVE and SKRÅ, respectively. They were important resources in the process because of their vast experience, in terms of both what was important for us to do and what to avoid – everything from how important it is to provide a personal welcoming letter when a new member takes over his/her space for the first time, to the dogma of professional diversity dictating that we must avoid having more than three undertakings pursuing the same business, to mitigate the risk of members stealing one another's customers.

We assembled our first group on the basis of the dogmas we had worked out. Generally speaking, this involved gathering the widest professional diversity possible and ensuring that our members were preferably interested in collaborating with one another. We were aiming to create a place where members draw on one another's skills and cooperate across the various undertakings. We were also striving for age and gender diversity as well, to reflect the widest possible cross-section of the population, because we believe that diversity creates good things when people collaborate. A more down-to-earth dogma was that once a member had a permanent space, he/she had to use it at least three days a week, because it's not interesting to sit next to empty chairs all week. Each member must opt in wholeheartedly for the community, invest in it and use it. And because it matters, each member signs up to the dogmas of the co-working community upon joining: That he/she will use his/her space three days a week on average, that he/she will contribute his/her labour and that he/she will invest time and energy in the community. Members take part in a work group and are personally responsible for taking initiatives and putting things in motion – from Friday Happy Hour to professional/technical knowledge-sharing. To celebrate the fact that the transition from the temporary post office setting to the beautifully refurbished space in Maltfabrikken was not just a move from one place to another, but the beginning of a brand-new co-working community, we took on a new name: M8, for the co-working community at Maltvej 8.

The new community got off to a good start with a strong team. But we are constantly aware of the

Alle fotos All photos Dennis Serup Voigt Kristensen

Det nye fællesskab kom godt fra land med et stærkt hold. Men vi er konstant bevidste om, at Maltfabrikken og arbejdsfællesskabet aldrig må stå stille. Vi er ikke færdige. Rammerne er færdige, og vores model for, hvordan vi driver udlejningen til det, vi kalder fabriks- og flyvermedlemmer, er på plads. Vi er i gang med de næste idéer og tanker om, hvordan vi kan bygge videre på Maltfabrikkens erhvervsdel. Arbejdet må ikke komme til at stå stille.

Hvad skete der med ambitionerne om, at folk skulle flytte fra de større byer og komme til Ebeltoft? Jo, der skete det, at det gjorde de. 80 procent af medlemmerne i M8 er flyttet hertil fra storbyerne med deres familier og med deres børn. Bymennesker, som ville på landet, og som arbejder som selvstændige eller freelancere. Som turde rykke på landet, fordi de kunne få en arbejdsplads med et kollegialt fællesskab. I Maltfabrikkens tilfælde et fællesskab, som tapper ind i et kulturmiljø, der stikker i alle retninger. Det er meget mere end et arbejdsfællesskab, man får, når man sidder i M8, og det har helt klart en tiltrækningskraft på mennesker, som kommer fra Århus og København.

"Nu skal I høre noget vildt", siger de, når de ringer. "Vi rykker simpelthen teltpælene op og flytter fra København til Ebeltoft eller til Mols. Har I nogensinde hørt noget så sindssygt?" Og til det kan vi jo så svare: "Ja, der er cirka en familie om ugen, der ringer og fortæller det samme. Men I skal være så hjerteligt velkomne."

fact that Maltfabrikken and the co-working community must never stagnate. We're not done. The framework is finished, and our model for how we run the renting process for what we refer to as 'malters' and 'hot-deskers' is in place. We are busy working on the next ideas and thinking about how we can further develop Maltfabrikken's commercial aspect. These efforts must never come to a standstill.

What about our ambitions to inspire people to move from big cities and come to Ebeltoft? Well, it turned out that they did. Eighty per cent of M8's members relocated here from big cities with their families and children. City people who wanted to live in the country, and are self-employed or work as freelancers. People bold enough to move out into the country because they could get a workplace with a community of colleagues. In the case of Maltfabrikken, it is a community that taps into a cultural milieu that is thrusting in every direction. People who join M8 get much more than a co-working community, which is obviously an attractive feature for people coming from Aarhus or Copenhagen.

"You want to hear a wild idea that I have?" they say when they call. "We're pulling up stakes and moving from Copenhagen to Ebeltoft or Mols. Have you ever heard of anything so preposterous?" To which we reply: "Yes, about once a week a family calls and says the same thing. But please feel warmly welcome to come here."

KOLOFON
COLOPHON

Redaktion Editors
Anne Märcher, Kristian Krog,
Kristoffer Lindhardt Weiss (Arkitektens Forlag)

Fotografer Photographers
Ana Caroline de Lima, Christian Taylor Hauschild, Cilja Ravn Thomsen, Dahra Mia Kirchert, Dennis Serup Voigt Kristensen, Dmitry Chuntula, Esben Zøllner Olesen, Fee Holmig, Hans Ringmacher, Hendrik Zeitler, Ida Mahler, India Roper-Evans, Jens Lindhe, Jacob Almtoft, Kristian Krog, Lars Clement, Leana Varnas, Lee Edward, Mads Binderup, Mathias Dahl, Michiel Devijver, Simon Thordal, Siri Nanthana Skødt Westergaard, Vibeke Wang

Design
Mount Agency
www.mount.agency

Oversættelse Translation
Stuart Goodale
David Earle Robinson (p. 90 – 95)

Dansk korrektur Danish proofreading
Louise Urth Olsen

Trykkeri Printed by
Narayana Press

Typografi Typography
Fabrik Grotesk, Mount Agency

Papir Paper
Munken Lynx Rough, 120gsm, Arctic Paper

Udgivet af Published by
Arkitektens Forlag 2021
The Danish Architectural Press 2021

Oplag Number of copies
3000

ISBN 978-87-7407-443-4

FSC www.fsc.org MIX Paper from responsible sources FSC® C010651

Nordic Swan Ecolabel Printed matter 5041 0562

Denne bog er udgivet med støtte fra
This book is published with support from

Realdania, salling fondene, Statens Kunstfond, Syddjurs Kommune

MALTFABRIKKEN www.maltfabrikken.dk